Alfred de Musset

ON NE BADINE PAS AVEC L'AMOUR

IL FAUT QU'UNE PORTE SOIT OUVERTE OU FERMÉE

annotés par

JEONG Bong-Gou et BAE Ki-Yul

Shina-sa

On ne badine pas
avec l'amour······················5
Il faut qu'une porte
soit ouverte ou fermée··· 105

ON NE BADINE PAS
AVEC L'AMOUR

PERSONNAGES

LE BARON
PERDICAN, son fils.
MAITRE BLAZIUS, gouverneur[1] de Perdican.
MAITRE BRIDAINE, curé.
CAMILLE, nièce du baron.
DAME PLUCHE, sa gouvernante.[2]
ROSETTE, sœur de lait de Camille.[3]
PAYSANS, VALETS, etc.[4]

---

1) **gouverneur :** 「사부(師傅), 가정교사」.
2) **gouvernante :** 「여자 가정교사」 (=institutrice).
3) **sœur de lait de Camille :** 「까미이유의 젖 자매」.
4) **paysans, valets, etc.** 「농부들, 하인배들, 기타」.

ON NE BADINE PAS AVEC L'AMOUR[1)]

Proverbe

1834

ACTE PREMIER

SCÈNE PREMIÈRE.

Une place devant le château.

LE CHŒUR.[2)]

Doucement bercé sur sa mule fringante, messer Blazius[3)] s'avance dans les bluets fleuris, vêtu de neuf, l'écritoire au côté[4)]. Comme un poupon sur l'oreiller, il se ballotte sur son ventre rebondi, et, les yeux à demi fermés, il marmotte un

1) **On ne badine pas avec l'amour**: 「사랑을 희롱으로 하지 마라, 사랑을 장난삼아 하면 안된다」. 프랑스의 속담.

2) **Le chœur**: 「합창단」. 본래의 연극형식에서 벗어난 이 合唱團의 使用은 Musset 의 독특한 형식이다(해설참조). 여기서는 농부들과 하인배 기타로 된 역들이 이 대사부분을 담당하여 때로는 연극 내용의 진행 경위를 설명한다.

3) **messer Blazius**: 「Blazius 각하」. messer: 이탈리아의 古語, 프랑스어의 messire 에 해당. 「각하, 귀하, 나으리」. 귀족의 존칭. 후에는 사제, 변호사, 의사의 존칭. 특히 古語체 문형에서 많이 사용되며 La Fontaine의 우화시에서 많이 볼 수 있다.

4) **l'écritoire au côté**: 「문방구 상자를 허리춤에(끼고)」. écritoire 는 잉크병과 펜을 함께 갖추어 아무 때나 쓸 수 있게 한 필묵의 준비물.

Pater[1] *noster* dans son triple menton. Salut, maître Blazius, vous arrivez au temps de la vendange, pareil à une amphore antique.[2]

MAITRE BLAZIUS.

Que ceux qui veulent apprendre une nouvelle d'importance m'apportent[3] ici premièrement un verre de vin frais.

LE CHŒUR.

Voilà notre plus grande écuelle ; buvez, maître Blazius ; le vin est bon ; vous parlerez après.

MAITRE BLAZIUS.

Vous saurez,[4] mes enfants, que le jeune Perdican, fils de notre seigneur, vient d'atteindre[5] à sa majorité, et qu'il est reçu docteur à Paris. Il revient aujourd'hui même[6] au château, la bouche toute pleine de façons de parler[7] si belles et si fleuries, qu'on ne sait que lui répondre les trois quarts du temps.[8] Toute sa gracieuse personne est un livre d'or ;[9] il ne voit pas un brin d'herbe à terre, qu'il ne vous dise comment cela s'appelle en latin ;[10] et quand il fait du vent ou qu'il pleut, il vous dit tout clairement pourquoi. Vous ouvririez

---

1) ***Pater* :** 「주기도문」. 라틴어. *Pater noster* (Notre Père)로 시작한다.
2) **pareil à une amphore antique :** 「옛날옛날 술장군(술통) 같은 모습으로」. pareil à 「비슷하다」. *Ex.* L'un est pareil à l'autre. 「그 둘은 비슷하다」.
3) **Que ceux qui veulent apprendre une nouvelle d'importance m'apportent ici...:** 「중대한 소식을 알고자 원하는 자는 나에게…을 이리 가져오너라」. Que+*subj* 는 명령·소망을 표시한다. *Ex.* Qu'il entre ! 「그를 들여 보내라」. Qu'il réussisse ! 「그가 성공하기를 ! 」. m'apportent 는 apporter 의 *subj*.
4) **Vous saurez :** 일종의 호격같이 쓰인 말 「알겠느냐, 너희들은 알게 되리라」.
5) **vient d'atteindre :** venir de+*inf* 는 *passé récent*.
6) **aujourd'hui même :** 「바로 오늘」.
7) **la bouche toute pleine de façons de parler :** 「입안에 가득히 話術을 지니고서…」. plein(e) de 「가득찬, 충만한」.
8) **les trois quarts du temps :** 「네 번에 세번, 네가지 경우에 세 차례는」.
9) **livre d'or :** 「黃金書」. 即 몸 전체가 빛나는 황금의 책이나 진배없다는 소리.
10) **il ne voit pas un brin...qu'il ne vous dise en latin :** 「지상에 솟은 한 포기 풀을 보기만 해라, 그것을 라틴어로 무엇이라 부르는가 말씀할 것이다」. ne 는 허사.

des yeux grands comme la porte que voilà,[1] de le voir dérouler un des parchemins qu'il a coloriés d'encres de toutes couleurs, de ses propres mains et sans en rien dire à personne. Enfin c'est un diamant fin des pieds à la tête,[2] et voilà ce que je viens annoncer à M. le baron. Vous sentez que cela[3] me fait quelque honneur, à moi, qui suis son gouverneur depuis l'âge de quatre ans ; ainsi donc,[4] mes bons amis, apportez une chaise que je descende un peu de cette mule-ci sans me casser le cou ; la bête est tant soit peu[5] rétive, et je ne serais pas fâché de boire encore une gorgée avant d'entrer.

LE CHŒUR.

Buvez, maître Blazius, et reprenez vos esprits.[6] Nous avons vu naître le petit Perdican, et il n'était pas besoin, du moment qu'il arrive, de[7] nous en dire si long. Puissions-nous[8] retrouver l'enfant dans le cœur de l'homme !

MAITRE BLAZIUS.

Ma foi,[9] l'écuelle est vide ; je ne croyais pas avoir tant bu. Adieu ; j'ai préparé, en trottant[10] sur la route, deux ou trois phrases sans prétention qui plairont à monseigneur ; je vais tirer la cloche. (*Il sort.*)

LE CHŒUR.

Durement cahotée sur son âne essoufflé, dame Pluche gravit

---

1) **comme la porte que voilà :** 「저기 저 대문 만한」.
2) **fin des pieds à la tête :** 「머리끝부터 발끝까지」.
3) **cela**=ce que je viens annoncer à M. le baron.
4) **ainsi donc :** 「그래서, 이와 같은, 즉」.
5) **tant soit peu :** 「조금이라도, 다소라도」.
6) **reprenez vos esprits :** 「정신 차리시오」.
7) **il est besoin de+*inf* :** 「…하는 것이 필요하다」. *cf.* avoir besoin de *qch*(*qn*)(…을 필요로 하다).
8) **Puissions-nous :** 희망을 나타내는 말.
9) **Ma foi :** 「젠장」.
10) **en trottant :** *gérondif.* 동시성을 나타내는 것.

la colline ; son écuyer transi gourdine à tour de bras[1] le pauvre animal, qui hoche la tête, un chardon entre les dents. Ses longues jambes maigres trépignent de colère, tandis que,[2] de ses mains osseuses, elle égratigne son chapelet. Bonjour donc, dame Pluche ; vous arrivez comme la fièvre, avec le vent qui fait jaunir les bois.[3]

DAME PLUCHE.

Un verre d'eau, canaille que vous êtes ! un verre d'eau et un peu de vinaigre !

LE CHŒUR.

D'où venez-vous, Pluche, ma mie ?[4] vos faux cheveux[5] sont couverts de poussière ; voilà un toupet de gâté, et votre chaste robe est retroussée jusqu'à vos vénérables jarretières.

DAME PLUCHE.

Sachez,[6] manants, que la belle Camille, la nièce de votre maître, arrive aujourd'hui au château. Elle a quitté le couvent sur l'ordre exprès[7] de monseigneur, pour venir en son temps et lieu[8] recueillir, comme faire se doit,[9] le bon bien[10] qu'elle a de sa mère. Son éducation, Dieu merci,[11] est termi-

---

1) **à tour de bras :** 「팔의 힘껏」.
2) **tandis que**=pendant que 「…하는데」. *Ex.* Nous sommes arrivés tandis qu'il déjeunait. 「그가 점심먹고 있는데 (사이에) 우리가 도착하였다」.
3) **vous arrivez comme la fièvre, avec le vent qui fait jaunir les bois :** 「숲을 노랗게 불태우는 바람과 함께 뙤약볕처럼 오셨군요」.
4) **ma mie :** 「사랑하는 사람, 귀여운 사람, 나의 사랑하는 님」. (=amie)
5) **faux cheveux :** 「가발」.
6) **Sachez :** 「들어라」.
7) **l'ordre exprès :** 「특별명령」.
8) **son temps et lieu :** 「정해진 時間과 장소」.
9) **comme faire se doit :** 「격식대로」. se devoir 「당연히 되어야 하다」. *Ex.* Cela se doit. 「그것은 당연한 일이다」.
10) **bien :** 「재산」.
11) **Dieu merci :** 일종의 간투사. 「고마우셔라, 하느님」.

née, et ceux qui la verront auront la joie[1] de respirer une glorieuse fleur de sagesse et de dévotion.[2] Jamais il n'y a rien[3] eu de si pur, de si ange, de si agneau et de si colombe que cette chère nonnain ;[4] que le seigneur Dieu du ciel la conduise ![5] Ainsi soit-il ! Rangez-vous,[6] canaille ; il me semble que j'ai les jambes enflées.

LE CHŒUR.

Défripez-vous, honnête Pluche ;[7] et quand vous prierez Dieu,[8] demandez de la pluie ; nos blés sont secs comme vos tibias.

DAME PLUCHE.

Vous m'avez apporté de l'eau dans une écuelle qui sent la cuisine ; donnez-moi la main pour descendre ; vous êtes des butors et des malappris. (*Elle sort.*)

LE CHŒUR.

Mettons nos habits du dimanche, et attendons que le baron nous fasse appeler.[9] Ou je[10] me trompe fort,[11] ou quelque joyeuse bombance est dans l'air aujourd'hui. (*Ils sortent.*)

---

1) **ceux qui la verront auront la joie :** la=la belle Camille. 「la belle Camille 를 보게 되는 자들은 기쁨을 가지리라」.
2) **fleur de sagesse et de dévotion :** 「지혜와 경건의 꽃」.
3) **Jamais il n'y a rien :** 「결코, 아무 것도 없다(비할 것이)」.
4) **nonnain :** 「수녀, 젊은 수녀」. 프랑스의 古語. 비슷한 말에 nonne 가 있음. Musset 는 nomme 의 애칭으로 nonnain 을 사용하고 있다.
5) **que le seigneur Dieu du ciel la conduise ! :** 소망의 말, 기원의 말. 「하느님이시여 ! 바라건대 아가씨를 인도하소서」.
6) **Rangez-vous :** 「비켜라」.
7) **honnête Pluche :** 「예절바른 플뤼슈 마님」.
8) **quand vous prierez Dieu :** 「하느님께 기도하시려거든」.
9) **que le baron nous fasse appeler :** fasse→faire 의 *subjonctif*.
10) **je :** 合唱隊인데 je 를 쓴 것은, 古代연극에서처럼, 全體 합창대 이름으로, 합창대장 한 사람이 말하기 때문이다.
11) **Ou je me trompe fort, ou quelque joyeuse bombance est dans l'air aujourd'hui :** 「내 생각이 크게 틀리지 않는다면, 오늘의 분위기가 무엇인가 즐거운 잔치(진수성찬의 접대)가 있을 것 같다」.

SCÈNE II.—*Entrent* LE BARON, MAITRE BRIDAINE *et* MAITRE BLAZIUS.

Le salon du baron.

LE BARON

Maître Bridaine, vous êtes mon ami ; je vous présente maître Blazius, gouverneur de mon fils. Mon fils a eu hier matin, à midi huit minutes, vingt et un ans comptés ; il est docteur à quatre boules blanches.[1] Maître Blazius, je vous présente maître Bridaine, curé de la paroisse ; c'est mon ami.

MAITRE BLAZIUS, *saluant.*[2]

A quatre boules blanches, seigneur ! littérature, botanique, droit romain, droit canon.

LE BARON.

Allez à votre chambre, cher Blazius, mon fils ne va pas tarder[3] à paraître ; faites un peu de toilette, et revenez au coup de la cloche. (*Maître Blazius sort.*)

MAITRE BRIDAINE.

Vous[4] dirai-je ma pensée, monseigneur ? le gouverneur de votre fils sent le vin à pleine bouche.

LE BARON.

Cela est impossible.[5]

---

1) **quatre boules blanches :** 다시 말해서 4회를 시험 성적에 합격했다는 소리다. 그리고 boule blanche는 시험 성적 결과에 있어서 완전히 만족한 성적이라는 표시이었으며, boule rouge는 완전하게 만족하지는 못하다는 표시이었으며, boule noire는 시험에 낙제를 표시하는 기호였다. 여기서 Perdican이 획득한 과목은 다음 대사에 나오는 文學, 哲學, 로마法, 교회법 4개 분야.

2) ***saluant* :** 「인사하면서」.

3) **ne va pas tarder :** aller+*inf*는 *futur proche.*

4) **Vous :** dirai의 간접목적어.

5) **Cela est impossible :** 「그것은 있을 수 없는 일이다」. 본래는 비인칭주어 Il을 쓰는 것이 정식이다. *cf.* il est+형용사+de+*inf*. *Ex.* Il est impossible de..., Il est difficile de, Il est nécessaire de....

MAITRE BRIDAINE.

J'en suis sûr comme de ma vie ; il m'a parlé de fort près tout à l'heure ;[1] il sentait le vin à faire peur.

LE BARON.

Brisons là ; je vous répète que cela est impossible. (*Entre dame Pluche.*) Vous voilà, bonne dame Pluche ! Ma nièce est sans doute avec vous.

DAME PLUCHE.

Elle me suit, monseigneur; je l'[2]ai devancée de quelques pas.

LE BARON.

Maître Bridaine, vous êtes mon ami. Je vous présente la dame Pluche, gouvernante de ma nièce. Ma nièce est depuis hier, à sept heures de nuit, parvenue à l'âge de dix-huit ans ; elle sort du meilleur couvent de France. Dame Pluche, je vous présente maître Bridaine, curé de la paroisse ; c'est mon ami.

DAME PLUCHE, *saluant.*

Du meilleur couvent de France, seigneur, et je puis ajouter: la meilleure chrétienne du couvent.[3]

LE BARON.

Allez, dame Pluche, réparer le désordre où vous voilà ;[4] ma nièce va bientôt venir, j'espère ; soyez prête à l'heure du dîner. (*Dame Pluche sort.*)

MAITRE BRIDAINE.

Cette vieille demoiselle paraît tout à fait[5] pleine d'onction.

---

1) **tout à l'heure :** 「조금 전에」. 현재로부터 전 후 양편으로 가장 가까운 時間을 함께 다 가리킨다.

2) l'=la nièce de vous.

3) **la meilleure chrétienne du couvent :** 「그 수녀원에서 제일가는 신자였답니다」.

4) **réparer le désordre où vous voilà :** 「그 흐트러진 매무새나 고치고 나오시오」.

5) **tout à fait :** 「완전히」.

LE BARON

Pleine d'onction et de componction, maître Bridaine ; sa vertu est inattaquable.

MAITRE BRIDAINE.

Mais le gouverneur sent le vin ; j'en[1] ai la certitude.

LE BARON.

Maître Bridaine, il y a des moments où je doute de votre amitié. Prenez-vous à tâche de[2] me contre-dire ? Pas un mot de plus là-dessus.[3] J'ai formé le dessein de marier mon fils avec ma nièce ; c'est un couple assorti : leur éducation me coûte six mille écus.

MAITRE BRIDAINE.

Il sera nécessaire d'obtenir des dispenses.[4]

LE BARON.

Je les[5] ai, Bridaine ; elles sont sur ma table, dans mon cabinet. Ô mon ami ! apprenez maintenant que je suis plein de joie. Vous savez que j'ai eu de tout temps la plus profonde horreur pour la solitude. Cependant la place que j'occupe et la gravité de mon habit[6] me forcent à[7] rester dans ce château pendant trois mois d'hiver et trois mois d'été. Il est impossible de[8] faire le bonheur des hommes en général,[9] et de ses vas-

---

1) **en :** 앞의 말 전체를 받음.
2) **Prenez-vous à tâche de :** prendre à tache de+*inf* 「…을 하려고 애쓰다, 노력하다」. *cf.* prendre à tache de faire *qch.* 「열심히 어떤 일을 하다, 어떤 일을 의무로 행하다」.
3) **Pas un mot de plus là-dessus :** 「이 일에 대해서는 더 이상 한 마디도 마시오」.
4) **Il sera nécessaire d'obtenir des dispenses :** il est nécessaire de+*inf* 「…할 필요가 있다」. d'obtenir des dispenses : Perdican과 Camille는 게르마니아의 四寸男妹이기 때문에 결혼을 하기 위해서는 허가장을 받아야 할 필요가 있다. 즉 교회의 인가(허가)장을 받아야 한다.
5) **les :** des dispense.
6) **la gravité de mon habit :** 「이 엄숙한 의복」.
7) **forcent à :** force *qn* à+*inf.* 「…에게 억지로…하게 하다(…을 강요하다)」.
8) **Il est impossible de :** *cf.* p. 12 주 5).
9) **des hommes en général :** 「일반 인간들」. faire le bonheur de *qn* 「…을 기쁘게 해주다」.

saux en particulier,[1] sans donner parfois à son valet de chambre l'ordre rigoureux de ne laisser entrer personne.[2] Qu'il est austère et difficile,[3] le recueillement de l'homme d'État![4] et quel plaisir[5] ne trouverai-je pas à tempérer, par la présence de mes deux enfants réunis, la sombre tristesse à laquelle[6] je dois nécessairement être en proie[7] depuis que le roi m'a nommé receveur![8]

MAITRE BRIDAINE

Ce mariage se fera-t-il ici, ou à Paris?

LE BARON.

Voilà où je vous attendais,[9] Bridaine; j'étais sûr de cette question. Eh bien! mon ami, que diriez-vous[10] si ces mains que voilà, oui, Bridaine, vos propres mains, — ne les regardez pas d'une manière aussi piteuse, — étaient destinées à bénir solennellement l'heureuse confirmation de mes rêves les plus[11] chers? Hé?

MAITRE BRIDAINE.

Je me tais; la reconnaissance me ferme la bouche.

---

1) **en particulier:** 「특히」.
2) **sans donner...l'ordre...de...personne:** 「de 이하의 일을 엄하게 명령하지 않고는」.
3) **Qu'il est austère et difficile:** 「얼마나 엄숙하고도 어려운가」. Que는 감탄을 나타내는 부사적인 용법. *Ex.* Qu'il est beau! 「어쩜 그이는 그렇게 미남일까!」.
4) **l'homme d'État:** 「국정(國政)에 종사하는 사람」.
5) **quel plaisir:** 감탄을 나타내는 quel.
6) **à laquelle:** la sombre tristesse.
7) **je dois nécessairement être en proie:** devoir+*inf.* 직역하면 「en proie로 있어야 할 필요가 있다」. 즉 「싫건 좋건 그렇게(la sombre tristesse) 있지 않을 수 없는 일」.
8) **receveur**=Receveur des impôts. 「收稅官」.
9) **Voilà où je vous attendais:** 「그런 소리가 나오려니 기다리고 있었오」. voilà는 이미 나온 이야기를, voici는 앞으로 나올 일을 가리킨다.
10) **que diriez-vous:** dire 동사의 *conditionnel.* 다음에 si 조건절이 오기 때문에. si 다음의 동사는 si ces mains...mains—...—étaient에서 étaient임은 다시 말할 것도 없다.
11) **les plus chers:** 최상급. 「가장 귀중한」.

LE BARON.

Regardez par cette fenêtre ; ne voyez-vous pas que mes gens se portent en foule à la grille ?[1] Mes deux enfants arrivent en même temps ; voilà la combinaison la plus heureuse. J'ai disposé les choses de manière à tout prévoir.[2] Ma nièce sera introduite par cette porte à gauche, et mon fils par cette porte à droite. Qu'en dites-vous ?[3] Je me fais une fête de voir[4] comment ils s'aborderont, ce qu'ils se diront,[5] six mille écus ne sont pas une bagatelle, il ne faut pas s'y tromper.[6] Ces enfants s'aimaient d'ailleurs fort tendrement[7] dès le berceau.[8]— Bridaine, il me vient une idée.

MAITRE BRIDAINE.

Laquelle ?

LE BARON.

Pendant le dîner, sans avoir l'air d'y toucher,[9]— vous comprenez, mon ami, — tout en vidant[10] quelques coupes joyeuses, — vous savez le latin, Bridaine.

MAITRE BRIDAINE

Ita edepol,[11] pardieu,[12] si je le sais !

---

1) **se portent en foule à la grille :** 「철문으로 무리지어 가다」.
2) **J'ai disposé les choses de manière à tout prévoir :** 「저는 모든 것이 죄다 예상한 대로 되게 일을 마련해 놨지요」. de manière à faire *qch* (…하도록).
3) **Qu'en dites-vous ? :** 「어떻소 ?」. en=de cela.
4) **une fête de voir :** voir 하기 위한 fête. de voir 이하는 fête 의 보어.
5) **ce qu'ils se diront :** Qu'est-ce qu'ils se diront ? 의 간접화법. voir 에 걸림.
6) **il ne faut pas s'y tromper :** 「잘못은 있을 수 없다」.
7) **Ces enfants s'aimaient d'ailleurs fort tendrement :** d'ailleurs 「그 뿐더러, 게다가」. *Ex.* ils s'aiment tendrement.
8) **dès le berceau :** 「요람시절부터」. *Ex.* Dès le mois de september 「九月달부터」.
9) **sans avoir l'air d'y toucher :** y=전 줄의 une idée. 직역하면 「그것에 접촉하는 척하지 말고, 슬쩍, 시치미를 떼고」.
10) **tout en vidant :** 「(잔을) 비우면서」. *gérondif.* tout 는 강조.
11) ***Ita edepol* :** 라틴어. 「예, 하느님에 걸고 맹서하지만」. 즉 ≪Oui par pollux !≫. edepol 은 라틴어로서 친근하게 서약맹서 하는 경우의 격식이다.
12) **pardieu**=parbleu. 古語.

LE BARON.

Je serais bien aise[1] de vous voir entreprendre ce garçon,— discrètement, s'entend,[2]— devant sa cousine ; cela ne peut produire qu'[3]un bon effet ; — faites-le parler un peu latin, — non pas précisément pendant le dîner, cela deviendrait fastidieux, et quant à moi,[4] je n'y comprends rien, — mais au dessert, entendez-vous ?

MAITRE BRIDAINE.

Si vous n'y comprenez rien, monseigneur, il est probable que votre nièce est dans le même cas.

LE BARON.

Raison de plus ;[5] ne voulez-vous pas qu'[6]une femme admire ce qu'elle comprend ? D'où sortez-vous, Bridaine ? Voilà un raisonnement qui fait pitié.[7]

MAITRE BRIDAINE.

Je connais peu les femmes ; mais il me semble qu'il est difficile[8] qu'on admire ce qu'on ne comprend pas.

LE BARON.

Je les[9] connais, Bridaine ; je connais ces êtres charmants et indéfinissables. Soyez persuadé qu'elles aiment à avoir de la

---

1) **Je serais bien aise :** être bien[fort] aise que+*sub.*: être bien [fort] aise de ce que+*ind.*[*sub.*]; être bien aise de+*inf.*「…하는 것이 대단히 기쁘다.(만족스럽다)」. *Ex.* Je suis bien aise de vous voir.「당신을 뵈니 대단히 기쁩니다」.

2) **s'entend :**「물론」.

3) **Cela ne peut produire qu'un bon effet :** ne...que「…밖에…하지 않는다」.

4) **quant à moi :**「나로 말하면」. quant à「…로 말할 것 같으면」.

5) **Raison de plus :** raison de plus(pour+*inf.*)「그러므로 더구나(…하는 것은) 당연하다」.

6) **ne voulez-vous pas que :**「que 이하의 일을 그렇게 생각하는가?」.

7) **Voilà un raisonnement qui fait pitié :**「그거야말로 가련한 생각이라는 것이오」.

8) **il me semble qu'il est difficile :** il me semble「…와 같이 보이다, …와 같이 생각되다」. il est difficile「il est+형용사」.

9) **les**=les femmes

poudre aux yeux,[1] et que plus on leur en[2] jette, plus elles les[3] écarquillent, afin d'en[4] gober davantage. (*Perdican entre d'un côté, Camille de l'autre.*[5]) Bonjour, mes enfants ; bonjour ma chère Camille, mon cher Perdican ! embrassez-moi, et embrassez-vous.

PERDICAN.

Bonjour, mon père, ma sœur bien-aimée ! Quel bonheur ! que je suis heureux !

CAMILLE.

Mon père et mon cousin, je vous salue.

PERDICAN.

Comme[6] te voilà grande, Camille ! et belle comme le jour ![7]

LE BARON.

Quand as-tu quitté Paris, Perdican ?

PERDICAN.

Mercredi, je crois, ou mardi. Comme te voilà métamorphosée en femme ! Je suis donc un homme,[8] moi ! Il me semble que c'est hier que je t'ai vue pas plus haute que cela.[9]

LE BARON.

Vous devez être fatigués ; la route est longue, et il fait

1) **elles aiment à avoir de la poudre aux yeux :** 「눈 속에 가루가 뿌려 넣어져 있고 싶어 한다」. *Ex.* jeter de la poudre aux yeux. 「눈을 속이다, 연막치다」.
2) **en**=poudre.
3) **les**=les yeux.
4) **afin d'en :** afin de 「…하기 위해서」. en=poudre.
5) ***l'autre* :** Camille entre de l'autre côté.
6) **Comme :** 감탄사.
7) **et belle comme le jour ! :** 「그리고 太陽처럼 아름답구나 !」.
8) **Je suis donc un homme :** 「그러니까, 나는 한 남자로구나」. (네가 그처럼 성숙한 여자로 변했으니, 나도 어른이 된 것이겠지란 소리).
9) **c'est hier que je t'ai vue pas plus haute que cela :** c'est hier que je t'ai vue 「que 이하의 일이 어제다」. vue는 te가 여성이기 때문에 vu+*e* 된 것. pas plus haute que cela 「요만 밖에 크지 않았는데」.

chaud.

PERDICAN.

Oh ! mon Dieu, non. Regardez donc, mon père, comme Camille est jolie !

LE BARON.

Allons, Camille, embrasse ton cousin.

CAMILLE.

Excusez-moi.[1]

LE BARON.

Un compliment vaut un baiser ;[2] embrasse-la, Perdican.

PERDICAN.

Si ma cousine recule quand je lui tends la main, je vous dirai à mon tour :[3] Excusez-moi ; l'amour peut voler un baiser, mais non l'amitié.[4]

CAMILLE.

L'amitié ni l'amour ne doivent recevoir que ce qu'ils peuvent rendre.[5]

LE BARON, *à maître Bridaine.*

Voilà un commencement de mauvaise augure, hé ?

MAITRE BRIDAINE, *au baron.*

Trop de pudeur est sans doute un défaut ; mais le mariage lève bien des scrupules.

LE BARON, *à maître Bridaine.*

Je suis choqué, — blessé. — Cette réponse m'a déplu. — *Ex-*

---

1) **Excusez-moi :** 어떤 일을 안하고 면하려고 할 때 사용하는 공손한 말투.
2) **Un compliment vaut un baiser :** 「하나의 찬사는 하나의 키스에 상당한다」.
3) **à mon tour :** 「내 차례」.
4) **l'amour peut voler un baiser, mais non l'amitié :** 「사랑은 키스를 빼앗을 수도 있지만, 우정은 그런 짓을 못합니다」.
5) **L'amitié ni l'amour ne...:** 「우정이고 사랑이고…하지 않아야 한다」. 부정의 중복. l'amitié 도 l'amour 도 ne 에 걸린다.

cusez-moi! Avez-vous vu qu'elle a fait mine de se signer? — Venez ici que je vous parle. — Cela m'est pénible au dernier point. Ce moment, qui devait m'être si doux, est complètement gâté. — Je suis vexé, piqué. — Diable![1] voilà qui est fort mauvais.

MAITRE BRIDAINE.

Dites-leur quelques mots; les voilà qui se tournent le dos.

LE BARON.

Eh bien! mes enfants, à quoi pensez-vous donc? Que fais-tu là, Camille, devant cette tapisserie?

CAMILLE, *regardant un tableau.*

Voilà un beau portrait, mon oncle! N'est-ce pas une grand'tante à nous?

LE BARON.

Oui, mon enfant, c'est ta bisaïeule, — ou du moins[2]-la sœur de ton bisaïeul, — car la chère dame n'a jamais concouru, — pour sa part, je crois, autrement qu'en prières, — à l'accroissement de la famille. — C'était, ma foi, une sainte femme.[3]

CAMILLE.

Oh! oui, une sainte! c'est ma grand'tante Isabelle. Comme ce costume religieux lui va bien!

LE BARON.

Et toi, Perdican, que fais-tu là devant ce pot de fleurs?

PERDICAN.

Voilà une fleur charmante, mon père. C'est un héliotrope.

---

1) **Diable!**: 「젠장!」.
2) **du moins**: 「적으나마」.
3) **une sainte femme**: 「聖潔한 부인」.

LE BARON.

Te moques-tu ?[1] elle est grosse comme une mouche.

PERDICAN.

Cette petite fleur grosse comme une mouche a bien son prix.[2]

MAITRE BRIDAINE.

Sans doute ! le docteur a raison;[3] demandez-lui à quel sexe, à quelle classe elle appartient ; de quels éléments elle se forme, d'où lui viennent sa sève et sa couleur ; il vous ravira en extase en vous détaillant les phénomènes de ce brin d'herbe, depuis la racine jusqu'à la fleur.

PERDICAN.

Je n'en[4] sais pas si long, mon révérend. Je trouve qu'elle sent bon, voilà tout.

SCÈNE III

Devant le château.

Entre LE CHŒUR.

Plusieurs choses me[5] divertissent et excitent ma curiosité.[6] Venez, mes amis, et asseyons-nous sous ce noyer. Deux formidables[7] dîneurs sont en ce moment en présence au château, maître Bridaine et maître Blazius. N'avez-vous pas fait une remarque ? C'est que lorsque deux hommes à peu près pareils, également gros, également sots, ayant les mêmes vices et les mêmes passions, viennent par hasard à se

1) **Te moques-tu ? :** 「농담이겠지 ?」.
2) **a bien son prix :** 「자기 구실을 지니고 있읍니다, 자기 값을 지니고 있읍니다」.
3) **le docteur a raison :** avoir raison 「옳다」. *cf.* avoir tort 「잘못이다, 나쁘다」.
4) **en**=de fleurs.
5) **me :** p. 11 주 10) 참조.
6) **excitent ma curiosité :** 「호기심을 돋구다」.
7) **Deux formidables dîneurs**=maître Bridaine et maître Blazius.

rencontrer,[1] il faut nécessairement qu'ils s'adorent ou qu'ils s'exècrent.[2] Par la raison[3] que les contraires s'attirent,[4] qu'un homme grand et desséché aimera un homme petit et rond, que les blonds recherchent les bruns, et réciproquement,[5] je prévois une lutte secrète entre le gouverneur et le curé. Tous deux sont armés d'une égale impudence ;[6] tous deux ont pour ventre un tonneau ; non seulement[7] ils sont gloutons, mais ils sont gourmets ; tous deux se disputeront, à dîner, non seulement la quantité, mais la qualité.[8] Si le poisson est petit, comment faire ? et dans tous les cas une langue de carpe ne peut se partager, et une carpe ne peut avoir deux langues. *Item*,[9] tous deux sont bavards ; mais à la rigueur[10] ils peuvent parler ensemble sans s'écouter ni l'un ni l'autre.[11] Déjà maître Bridaine a voulu adresser au jeune Perdican plusieurs questions pédantes, et le gouverneur a froncé le sourcil. Il lui est désagréable[12] qu'un autre que lui[13] semble mettre son élève à l'épreuve. *Item*, ils sont aussi ignorants

---

1) **viennent par hasard à se rencontrer :** venir à+*inf.* 「…하게 되다, …하기에 이르다」. *Ex.* S'il vient à pleuvoir, vous fermerez la fenêtre. 「비가 오게 되면 창문을 닫으시오」.
2) **il faut nécessairement qu'ils s'adorent ou qu'ils s'exècrent :** il faut que+*subj.* 「…하지 않으면 안된다, …임에 틀림없다」. *Ex.* Il faut que vous partiez. 「당신은 떠나지 않으면 안된다」.
3) **Par la raison :** 「이치에 의해서」.
4) **les contraires s'attirent :** 「상반되는 것은 서로 끌어당긴다」.
5) **réciproquement**=en retour. 「서로 요구되는 이치에 의해서」.
6) **Tous deux sont armés d'une égale impudence :** 직역하면 「둘다 한 가지로 impudence로 무장되어 있다」.
7) **non seulement :** 「…일 뿐만이 아니라」.
8) **non seulement la quantité, mais la qualité :** non seulement...mais... 「…일 뿐만이 아니라, 또…도」.
9) ***Item*** :=de même.
10) **à la rigueur :** 「부득이한 경우에는, 엄밀히 말하자면」.
11) **ni l'un ni l'autre :** ni...ni..., l'un l'autre...
12) **Il lui est désagréable :** il est désagréable. 비인칭의 il.
13) **lui**=gouverneur.

l'un que l'autre.[1] *Item*, ils sont prêtres tous deux ; l'un se targuera de sa cure,[2] l'autre se rengorgera dans sa charge de gouverneur. Maître Blazius confesse le fils, et maître Bridaine le père.[3] Déjà je les vois accoudés sur la table, les joues enflammées, les yeux à fleur de tête,[4] secouer pleins de[5] haine leurs triples mentons.[6] Ils se regardent de la tête aux pieds, ils préludent par de légères escarmouches ; bientôt la guerre se déclare,[7] les cuistreries de toute espèce se croisent[8] et s'échangent, et, pour comble de malheur,[9] entre les deux ivrognes s'agite dame Pluche, qui les[10] repousse l'un et l'autre de ses coudes affilés.

Maintenant que voilà[11] le dîner fini, on ouvre la grille du château. C'est la compagnie qui sort, retirons-nous à l'écart.[12] (*Ils sortent. — Entrent le baron et dame Pluche.*)

LE BARON.

Vénérable Pluche, je suis peiné.

DAME PLUCHE.

Est-il possible, monseigneur ?

---

1) **ils sont aussi ignorant l'un que l'autre**=l'un est aussi ignorant que l'autre.
2) **l'un se targuera de sa cure :** se targuer「뽐내다, 자랑하다」. *Ex.* Il se targue de sa fortune.「그는 자기 재산을 뽐낸다」.
3) **maître Bridaine le père :** maître Bridaine confesse le père.
4) **les yeux à fleur de tête :**「두 눈을 치올리고」. à fleur de *qch*「…와 같은 수평면에」.
5) **pleins de :**「…로 가득찬」.
6) **secouer...leur triples mentons :** triples mentons「三중턱」. 직역은「그들의 三중턱을 아주 밉살스럽게 들먹이고 있다. 꼴 보기 싫게 먹어댄다는 뜻」.
7) **la guerre se déclare :**「싸움이(전쟁이) 선포되다」.
8) **se croisent :** se croiser「교차하다, 엇갈리다」. 여기서는「모든 종류의 아는 척」이 마주 찔리듯이 엇갈려 교차한다(오고 간다)는 소리.
9) **pour comble de malheur :**「설상가상으로, 엎친데 덮친 격으로」.
10) **les**=maître Blazius et maître Bridaine.
11) **voilà :** 지나간 일을 가리키는 경우에 쓴다. 앞으로 있을 일을 가리키는 경우에는 voici를 쓴다.
12) **retirons-nous à l'écart :** à l'écart :「옆에, 옆으로, 따로」.

LE BARON.

Oui, Pluche, cela est possible.[1] J'avais compté depuis longtemps, — j'avais même écrit, noté, - sur mes tablettes de poche,[2]-que ce jour devait être le plus agréable de mes jours,[3] — oui, bonne dame, le plus agréable. — Vous n'ignorez pas que mon dessein était de marier mon fils avec ma nièce ; — cela était résolu, — convenu, j'en avais parlé à Bridaine, — et je vois, je crois voir,[4] que ces enfants se parlent froidement ; ils ne se sont pas dit un mot.

DAME PLUCHE.

Les[5] voilà qui viennent, monseigneur. Sont-ils prévenus de vos projets ?

LE BARON.

Je leur en[6] ai touché quelques mots en particulier.[7] Je crois qu'il serait bon, puisque les[8] voilà réunis,[9] de nous asseoir sous cet ombrage propice, et de les laisser ensemble un instant. (*Il se retire avec dame Pluche.—Entrent Camille et Perdican.*)

PERDICAN.

Sais-tu que cela n'a rien de beau, Camille, de m'avoir

---

1) **cela est possible :** 「그것은 가능하다」. 앞에서 Est-il possible ? 하고 심려하고 있음이 있을 수 있느냐? 다시 말해서 「정말이냐?」고 물은 말에 대해서 「정말이다」고 한 소리.
2) **tablettes de poche :** 「회중용 수첩」.
3) **ce jour devait être le plus agréable de mes jours :** 「오늘이 내 一生 중에서 가장 기쁜 날이 될 것이라고」.
4) **je vois, je crois voir :** 「내가 보는 바로는, 내가 보는 바와 같이 생각하기로는」. que 이하의 사실로 보는 바를 생각한다는 뜻.
5) **Les**=ces enfants.
6) **en**=de mes projets.
7) **en particulier :** 「개별적으로」.
8) **les**=ces enfants.
9) **Je crois qu'il serait bon, puisque les voilà réunis, :** serait 는 *conditionnel.* 따라서 Le crois qu'il serait bon 「좋으리라고 믿는다」. puisque les voilà réunis 「마침 두 사람이 함께 있으니까」. *Ex.* Les hommes meurent, puisqu'ils naissent. 「사람들은 죽어 간다. 왜냐하면 그들은 태어나니까」.

refusé un baiser ?

CAMILLE.

Je suis comme cela ;[1] c'est ma manière

PERDICAN.

Veux-tu mon bras pour faire un tour[2] dans le village ?

CAMILLE.

Non, je suis lasse.

PERDICAN.

Cela ne te ferait pas plaisir de revoir la prairie ? Te souviens-tu de[3] nos parties sur le bateau ? Viens, nous descendrons jusqu'aux moulins ; je tiendrai les rames, et toi le gouvernail.[4]

CAMILLE.

Je n'en ai nulle envie.[5]

PERDICAN.

Tu me fends l'âme.[6] Quoi ! pas un souvenir, Camille ? pas un battement de cœur pour notre enfance, pour tout ce pauvre temps passé,[7] si bon, si doux, si plein de niaiseries délicieuses ? Tu ne veux pas venir voir le sentier par où nous allions à la ferme ?[8]

---

1) **Je suis comme cela :**「나는 그런 사람이어요」.

2) **faire un tour :** faire le tour de「…을 일주하다, …을 한 바퀴 돌다」. *Ex.* faire le tour du monde「세계를 일주하다」.

3) **Te souviens-tu :** Tu te souviens 의 의문형. se souvenir de「…에 대해서(…을) 회상하다, 기억하다」.

4) **toi le gouvernail :** tu tiens le gouvernail.

5) **Je n'en ai nulle envie :** en=tenir le gouvernail. ne...nul「어떠한…도 아니다」. *Ex.* Nous n'avons nul besoin de votre aide.「우리는 당신의 원조가 조금도 필요치 않다」.

6) **Tu me fends l'âme :**「무정한 소리를 하는구나」. *Ex.* C'était à fendre l'âme.「斷腸의 애달픔」.

7) **ce pauvre temps passé :**「그리운 지난 시절」. 여기서 pauvre 는 별 의미 없으며 본래의 뜻「불쌍한, 가련한」등등의 뜻을 지니는 것은 아니다.

8) **le sentier par où nous allions à la ferme ? :** par où「그곳으로 해서」. *Ex.* Par où est-il passé ?「어느 쪽으로 해서 지나갔어요?」.

CAMILLE.

Non, pas ce soir.

PERDICAN.

Pas ce soir ! et quand donc ? Toute notre vie est là.

CAMILLE.

Je ne suis pas assez jeune pour m'amuser de mes poupées, ni assez vieille pour aimer le passé.

PERDICAN.

Comment dis-tu cela ?

CAMILLE.

Je dis que les souvenirs d'enfance ne sont pas de mon goût.

PERDICAN.

Cela t'ennuie ?

CAMILLE.

Oui, cela m'ennuie.

PERDICAN.

Pauvre enfant ! Je te plains sincèrement. (*Ils sortent chacun de leur côté.*)

LE BARON, *rentrant avec dame Pluche.*

Vous le voyez, et vous l'entendez, excellente Pluche ; je m'attendais à la plus suave harmonie,[1] et il me semble assister à un concert où le violon joue *Mon cœur soupire*,[2] pendant que la flûte joue *Vive Henri IV.*[3] Songez à la discordance affreuse qu'une pareille combinaison produirait. Voilà pourtant ce qui se passe dans mon cœur.[4]

---

1) **la plus suave harmonie :** 「최상의(더 할 나위없이) 기분좋은 조화임」.

2) ***Mon cœur soupire* :** 「내 마음 한숨짓다」. 모짜르트의 〈휘가로의 결혼〉에서 Chérubin이 노래하는 감상적인 멜로디.

3) ***Vive Henri IV* :** 쾌활한 윤창곡 형식의 건배(축배)의 노래.

4) **ce qui se passe dans mon cœur :** se passer 「(일, 사건 따위가) 일어나다」.

DAME PLUCHE.

Je l'avoue ;[1] il m'est impossible de blâmer Camille, et rien n'est de plus mauvais ton, à mon sens,[2] que les parties de bateau.

LE BARON.

Parlez-vous sérieusement ?

DAME PLUCHE.

Seigneur, une jeune fille qui se respecte ne se hasarde pas sur les pièces d'eau.[3]

LE BARON

Mais observez donc, dame Pluche, que son cousin doit l'épouser, et que dès lors...[4]

DAME PLUCHE.

Les convenances défendent de tenir un gouvernail, et il est malséant de quitter la terre ferme seule avec un jeune homme.

LE BARON.

Mais je répète... je vous dis...

DAME PLUCHE.

C'est là mon opinion.

LE BARON.

Êtes-vous folle ? En vérité, vous me feriez dire... Il y a certaines expressions que je ne veux pas,...[5] qui me répu-

---

1) **Je l'avoue :** avouer 「자백하다, 고백하다」의 뜻이 있으나, 여기서는「인정하다, 시인하다」. 그러니까 l'=le「남작의 마음 속에 일고 있는 일」을 시인한다는 소리, 다시 말해서 「지당하다고 생각합니다」.

2) **rien n'est de plus mauvais ton, à mon sens :** à mon sens 「내 의견으로는」. 그러니까「내 의견으로는 더할 나위 없이 나쁜 놀이로 생각한다 (더 이상 나쁜 ton은 아무 것도 없다」는 뜻.

3) **sur les pièces d'eau :**「물 위에」.

4) **dès lors :**「그때부터, 그렇기 때문에」.

5) **Il y a certaines expressions que je ne veux pas :**「어떤 종류의 말은, 사용하고 싶지 않지만」.

gnent... Vous me donnez envie...[1] En vérité, si je ne me retenais... Vous êtes une pécore, Pluche ! je ne sais que penser de vous. (*Il sort.*)

SCÈNE IV. — LE CHŒUR, PERDICAN.

Une place.

PERDICAN.

Bonjour, mes amis. Me reconnaissez-vous ?

LE CHŒUR.

Seigneur, vous ressemblez à un enfant que nous avons beaucoup aimé.

PERDICAN.

N'est-ce pas vous qui m'avez porté sur votre dos pour passer les ruisseaux de vos prairies, vous qui m'avez fait danser sur vos genoux, qui m'avez pris en croupe sur vos chevaux robustes, qui vous êtes serrés quelquefois autour de vos tables pour me faire une place au souper de la ferme ?

LE CHŒUR.

Nous nous en[2] souvenons, seigneur. Vous étiez bien le plus mauvais garnement et le meilleur garçon de la terre.

PERDICAN.

Et pourquoi donc alors ne m'embrassez-vous pas, au lieu de me saluer comme un étranger ?

LE CHŒUR.

Que Dieu te bénisse,[3] enfant de nos entrailles ![4] chacun de

---

1) **Vous me donnez envie...:** 이 말은 앞의 말을 받아서 「(어떤 종류의 말은 사용하고 싶지 않고, 하기 싫지만…) 「결국 당신이 나에게 (그 말을 시키려느냐)」는 뜻이다.

2) **en :** 위의 Perdican 의 이야기 전부를 받는다.

3) **Que Dieu te bénisse :** 「하느님의 축복이 당신에게 있기 빕니다」. Que 는 소망의 que.

4) **enfant de nos entrailles ! :** 이 말은 呼格이지만 앞의 물음 즉 Perdican 의 질문에 대한 답변으로 생각된다. 즉 「당신은 우리들 마음 속의 어린이입니다」.

nous voudrait te prendre dans ses bras; mais nous sommes vieux, monseigneur, et vous êtes un homme.

PERDICAN.

Oui, il y a dix ans que je ne vous ai vus, et en un jour tout change sous le soleil. Je me suis élevé de quelques pieds vers le ciel, et vous vous êtes courbés de quelques pouces vers le tombeau. Vos têtes ont blanchi, vos pas sont devenus plus lents; vous ne pouvez plus soulever de terre votre enfant d'autrefois. C'est donc à moi d'être votre père, à vous qui avez été les miens.[1)]

LE CHŒUR.

Votre retour est un jour plus heureux que votre naissance. Il est plus doux de retrouver ce qu'on aime que d'embrasser un nouveau-né.[2)]

PERDICAN.

Voilà donc ma chère vallée! mes noyers, mes sentiers verts, ma petite fontaine! voilà mes jours passés encore tout pleins de vie, voilà le monde mystérieux des rêves de mon enfance! Ô patrie! patrie![3)] mot incompréhensible! l'homme n'est-il

---

1) **à vous qui avez été les miens:** 이 말의 앞의 말, C'est donc à moi d'être votre père 를 받아서 「그러니까 이번에는 내가 당신네들의 아버지가 되는 것입니다. 나의 아버지 이었던 당신네들에게」.

2) **Il est plus doux de retrouver ce qu'on aime que d'embrasser un nouveau-né:** 이 글은 길지만 일종의 비교급, 즉 de retrouver ce qu'on aime 가 d'embrasser un nouveau-né 보다 더 기쁘다는 뜻.

3) **Ô patrie!...l'homme n'est-il donc né que pour...pour...et pour...un jour?:** l'homme n'est-il donc né 가 que 이하의 pour...pour...pour 에 걸리는 글. 즉 「오 고향! 고향! 알지 못할 말! 그렇다면 인간이란 단지 지상 한 구퉁이에 태어나서 보금자리를 만들고 하루를 살기 위한 것인가?」. *cf.* 이 귀절은 Musset 자신의 詩 속에 그대로 alexandrin(12 音節의 詩句)으로 쓰여져 있어서 특이하다.

Ô patrie! ô patrie, ineffable mystère!
Mot sublime et terrible! inconcevable amour!
L'homme n'est-il donc né que pour un coin de terre,
Pour y bâtir son nid et pour y vivre un jour?

(*Retour*, Le Havre, Septembre 1855.)

donc né que pour un coin de terre, pour y bâtir son nid et pour y vivre un jour ?

LE CHŒUR.

On nous a dit que vous êtes un savant, monseigneur.

PERDICAN.

Oui, on me l'a dit aussi. Les sciences sont une belle chose, mes enfants ; ces arbres et ces prairies enseignent à haute voix la plus belle de toutes, l'oubli de ce qu'on sait.[1]

LE CHŒUR.

Il s'est fait plus d'un changement[2] pendant votre absence. Il y a des filles mariées et des garçons partis pour l'armée.

PERDICAN.

Vous me conterez tout cela. Je m'attends bien à du nouveau ;[3] mais en vérité je n'en[4] veux pas encore. Comme[5] ce lavoir est petit ! autrefois il me paraissait immense ; j'avais emporté dans ma tête un océan et des forêts, et je retrouve une goutte d'eau et des brins d'herbe. Quelle est donc cette jeune fille qui chante à sa croisée derrière ces arbres ?

LE CHŒUR.

C'est Rosette, la sœur de lait de votre cousine Camille.

PERDICAN, *s'avançant.*

Descends vite, Rosette, et viens ici.

---

1) **l'oubli de ce qu'on sait :** 「알고 있는 것을 잊어버리는 일을 !」.

2) **Il s'est fait plus d'un changement :** il s'est fait 「일어나다」. plus de 뒤에는 수적인 내용의 말이 뒤따른다.

3) **Je m'attends bien à du nouveau :** de nouveau 「또, 다시」도 있지만 여기서 nouveau는 명사로서 「새로운 것, 신기한 사실」. *Ex.* C'est du nouveau ! 「그것은 초문이다」. J'ai appris du nouveau ! 「나는 새소식을 들었다」.

4) **en**=du nouveau.

5) **Comme :** 감탄사. 「얼마나」. *Ex.* Comme il est grand ! 「정말 그는 키가 크구나 !」.

ROSETTE, *entrant.*

Oui, monseigneur.

PERDICAN.

Tu me voyais de ta fenêtre, et tu ne venais pas, méchante fille ? Donne-moi vite cette main-là, et ces joues-là, que je t'embrasse.[1)]

ROSETTE.

Oui, monseigneur.

PERDICAN.

Es-tu mariée, petite ? on m'a dit que tu l'étais.[2)]

ROSETTE.

Oh! non.

PERDICAN.

Pourquoi ? Il n'y a pas dans le village de[3)] plus jolie fille que toi. Nous te marierons, mon enfant.

LE CHŒUR.

Monseigneur, elle veut mourir fille.[4)]

PERDICAN.

Est-ce vrai, Rosette ?

ROSETTE.

Oh ! non.

PERDICAN.

Ta sœur Camille est arrivée. L'as-tu vue ?

---

1) **que je t'embrasse :** que=pour que. *Ex.* Approchez qu'(=pour que) on vous entende.「당신의 말이 들리도록 가까이 오시오.」
2) **on m'a dit que tu l'étais :** l'=mariée.
3) **de**=Il n'y a pas de.
4) **elle veut mourir fille :**「죽을 때까지 처녀로 있으려 한다」.

ROSETTE.

Elle n'est pas encore venue par ici.[1]

PERDICAN.

Va-t'en[2] vite mettre ta robe neuve, et viens souper au château.

SCÈNE V. — *Entrent* LE BARON *et* MAITRE BLAZIUS.

Une salle.

MAITRE BLAZIUS.

Seigneur, j'ai un mot à vous dire; le curé de la paroisse est un ivrogne.

LE BARON.

Fi donc ! cela ne se peut pas.

MAITRE BLAZIUS.

J'en suis certain.[3] — Il a bu à dîner trois bouteilles de vin.

LE BARON.

Cela est exorbitant.

MAITRE BLAZIUS.

Et en sortant de table, il a marché sur les plates-bandes.

LE BARON.

Sur les plates-bandes ? — Je suis confondu ! — Voilà qui est étrange ![4] — Boire trois bouteilles de vin à dîner ! marcher sur les plates-bandes ! c'est incompréhensible. Et pourquoi ne marchait-il pas dans l'allée ?

---

1) **par ici :** 「이곳으로」.
2) **Va-t'en :** s'en aller의 2 인칭 단수 명령.
3) **J'en suis certain**=J'en suis sûr.
4) **Voilà qui est étrange ! :** 「기이한 일도 있구나」.

MAITRE BLAZIUS.

Parce qu'il allait de travers.[1]

LE BARON, *à part.*[2]

Je commence à croire que Bridaine avait raison ce matin. Ce Blazius sent le vin d'une manière horrible.

MAITRE BLAZIUS.

De plus, il a mangé beaucoup ; sa parole était embarrassée.[3]

LE BARON.

Vraiment, je l'[4]ai remarqué aussi.

MAITRE BLAZIUS.

Il a lâché quelques mots latins ; c'étaient autant de solécismes.[5] Seigneur, c'est un homme dépravé.

LE BARON, *à part.*

Pouah ! ce Blazius a une odeur qui est intolérable. — Apprenez,[6] gouverneur, que j'ai bien autre chose en tête,[7] et que je ne me mêle jamais de[8] ce qu'on boit ni de ce qu'on mange. Je ne suis point un majordome.

MAITRE BLAZIUS.

A Dieu ne plaise que je vous déplaise,[9] monsieur le baron. Votre vin est bon.

---

1) **Parce qu'il allait de travers :** de travers「비스듬히, 비뚤어지게」. *Ex.* mettre son chapeau de travers「모자를 비스듬히 쓰다」. 그러므로 이글의 뜻은「갈지자 걸음(비틀걸음) 이기 때문입니다」.

2) ***à part* :** 연극에 있어서, 청중에게는 들리나 무대 위에 있는 상대역에게는 들리지 않는 것으로 약속되고 말하는 대사 (傍白).

3) **sa parole était embarrassée :**「그의 말은 혀꼬부라진 소리였읍니다」.

4) **l'**=sa parole était embarrassée.

5) **c'étaient autant de solécismes :** autant de「많은, 전부 다」. solécismes : fautes contre la syntaxe.

6) **Apprenez :**「알아두시오, 들으시오」.

7) **j'ai bien autre chose en tête :**「나는 생각해야 할 다른 일들이 많소」.

8) **je ne me mêle jamais de...:** se mêler de「…에 참견하다, …에 관계하다」.

9) **A Dieu ne plaise que je vous déplaise :** A Dieu ne plaise que...「…하는 일이 없기 바란다, …하는 일이 있으면 큰 일이다」.

LE BARON.

Il y a du bon vin dans mes caves.

MAITRE BRIDAINE, *entrant.*

Seigneur, votre fils est sur la place, suivi de tous les polissons du village.

LE BARON.

Cela est impossible.

MAITRE BRIDAINE.

Je l'ai vu de mes propres yeux. Il ramassait des cailloux pour faire des ricochets.

LE BARON.

Des ricochets ? Ma tête s'égare ; voilà mes idées qui se bouleversent. Vous me faites un rapport insensé, Bridaine. Il est inouï qu'un docteur fasse des ricochets.

MAITRE BRIDAINE.

Mettez-vous[1] à la fenêtre, monseigneur, vous le verrez de vos propres yeux.

LE BARON, *à part.*

O ciel ! Blazius a raison ;[2] Bridaine va de travers.

MAITRE BRIDAINE.

Regardez, monseigneur, le voilà au bord du lavoir. Il tient sous le bras une jeune paysanne.

LE BARON.

Une jeune paysanne ? Mon fils vient-il ici pour débaucher mes vassales ?[3] Une paysanne sous son bras ! et tous les gamins

---

1) **Mettez-vous :** 도치법으로 썼으나 이 경우에는 의문이 아니라 명령.
2) **Blazius a raison :** avoir raison 「옳다」.
3) **pour débaucher mes vassales ? :** vassales 「부하, 하녀」. 여기서는 「자기 영내의 여자들」을 가리킨다.

du village autour de lui ! Je me sens hors de moi.[1]

MAITRE BRIDAINE.

Cela crie vengeance.[2]

LE BARON.

Tout est perdu ![3] — perdu sans ressource ![4] — Je suis perdu : Bridaine va de travers, Blazius sent le vin à faire horreur,[5] et mon fils séduit toutes les filles du village en faisant des ricochets ! (*Il sort.*)

---

1) **Je me sens hors de moi :** Je suis tout hors de moi「나는 분격(흥분) 해 있다」. hors de soi「흥분한, 분격한」.
2) **Cela crie vengeance :**「이것은 이대로 놔 둘 수 없읍니다」.
3) **Tout est perdu ! :**「만사가 끝났구나」.
4) **perdu sans ressource :**「방법이 없게 됐구나」.
5) **à faire horreur :**「무서울 정도로」.

ACTE II

SCÈNE PREMIÈRE. — *Entrent* MAITRE BLAZIUS *et* PERDICAN.

Un jardin.

MAITRE BLAZIUS.

Seigneur, votre père est au désespoir.[1]

PERDICAN.

Pourquoi cela ?

MAITRE BLAZIUS.

Vous n'ignorez pas qu'il avait formé le projet de vous unir[2] à votre cousine Camille ?

PERDICAN.

Eh bien ? — Je ne demande pas mieux.[3]

---

1) **votre père est au désespoir :** être au désespoir de+*inf.* 「…한데 대해서 몹시 가슴 아프다」. *Ex.* Je suis au désespoir de ne pouvoir vous satisfaire 「당신을 만족시킬 수 없어서 심히 유감스럽다」.

2) **il avait formé le projet de vous unir :** former le projet de+*inf.* 「…할 계획을 세우다」.

3) **Je ne demande pas mieux :** 「나는 더 이상 바라지 않소」. 만족하다는 뜻.

MAITRE BLAZIUS.

Cependant le baron croit remarquer que vos caractères ne s'accordent pas.[1)]

PERDICAN.

Cela est malheureux ; je ne puis refaire le mien.

MAITRE BLAZIUS.

Rendrez-vous par là ce mariage impossible ?

PERDICAN.

Je vous répète que je ne demande pas mieux que d'épouser Camille.[2)] Allez trouver le baron et dites-lui cela.

MAITRE BLAZIUS.

Seigneur, je me retire : voilà votre cousine qui vient de ce côté.[3)] (*Il sort. — Entre Camille.*)

PERDICAN.

Déjà levée, cousine ? J'en suis toujours pour ce que je t'ai dit hier :[4)] tu es jolie comme un cœur.[5)]

CAMILLE.

Parlons sérieusement, Perdican ; votre père veut nous marier. Je ne sais ce que vous en pensez ; mais je crois bien faire en vous prévenant que mon parti est pris là-dessus.[6)]

---

1) **vos caractères ne s'accordent pas :** s'accorder 는 상호대명동사. 따라서「당신네들의 성격이 서로 맞지 않는다」.

2) **je ne demande pas mieux que d'épouser Camille :** Je ne demande pas mieux que de+*inf*.「충심으로…하기를 바란다, …하기를 바랄 따름이다」.

3) **de ce côté :**「이쪽에, 이쪽 방면에」.

4) **J'en suis toujours pour ce que je t'ai dit hier :**「나는 내가 어제 너에게 이야기한 바를, 지금도 역시 변경치 않는다. 내가 말한 것을 취소치 않는다」.

5) **tu es jolie comme un cœur :**「당신은 진정 아름답다」.

6) **je crois bien faire en vous prévenant que mon parti est pris là-dessus :** mon parti est pris.「나의 결심은 정해졌다」. 그러므로 이 글의 의미는「이 일에 관해서, 나의 마음은 결정되었으니까, 그것을 알려드리는 편이 좋다고 생각해요」.

PERDICAN.

Tant pis[1] pour moi si je vous déplais.

CAMILLE.

Pas plus qu'un autre ;[2] je ne veux pas me marier : il n'y a rien là dont votre orgueil puisse souffrir.[3]

PERDICAN.

L'orgueil n'est pas mon fait ;[4] je n'en estime ni les joies ni les peines.[5]

CAMILLE.

Je suis venue ici pour recueillir le bien[6] de ma mère ; je retourne demain au couvent.

PERDICAN.

Il y a lá de la franchise dans ta démarche ;[7] touche là[8] et soyons bons amis.

CAMILLE.

Je n'aime pas les attouchements.

PERDICAN, *lui prenant la main.*[9]

Donne-moi ta main, Camille, je t'en prie. Que crains-tu de

---

1) **Tant pis :** 「딱한 일이다, 낭패로군, 할 수 없지」.
2) **Pas plus qu'un autre :** non[pas] plus que… 「…도 또한…않다」. *Ex.* La maladie pas plus que les obstacles ne put le vaincre 「병도 장애도 그를 꺾을 수는 없었다」. 그러므로 여기의 말뜻은 「한 다른 사람(상대, 여기서는 당신) 뿐만이 아니다」. 즉 「특히 당신이 그렇다는 것은 아닙니다」.
3) **il n'y a rien là dont votre orgueil puisse souffrir :** là=je ne veux pas me marier. puisse 가 *subjonctif* 로 사용된 것은 선행사가 부정의 대명사(rien)이기 때문에 형용사절에서 동사가 접속법으로 사용된 것.
4) **L'orgueil n'est pas mon fait :** 「자존심 따위는 나에겐 아무 것도 아니오」. *Ex.* Ce n'est pas son fait. 「그것은 그의 격에 맞지 않는다」.
5) **je n'en estime ni les joies ni les peines :** en=l'orgueil. 「나는 그런 것에 관해서 기쁨도 고통도 개의치 않는다」.
6) **le bien :** 「재산, 유산」.
7) **Il y a lá de la franchise dans ta démarche :** 「너의 방식은 솔직해서 좋다」.
8) **touche là :** 「악수하자」.
9) ***lui prenant la main*:** 사람의 인체를 표시할 때, 그 사람은 간접 목적어로 하고 신체 부분은 정관사를 붙이고 직접목적어로 취급한다.

moi ?[1] Tu ne veux pas qu'on[2] nous marie ? eh bien ! ne nous marions pas ; est-ce une raison pour nous haïr ?[3] ne sommes-nous pas le frère et la sœur ? Lorsque ta mère a ordonné ce mariage dans son testament, elle a voulu que notre amitié fût éternelle,[4] voilà tout ce qu'elle a voulu. Pourquoi nous marier ? voilà ta main et voilà la mienne ; et pour qu'elles restent unies[5] ainsi jusqu'au dernier soupir, crois-tu qu'il nous faille un prêtre ?[6] Nous n'avons besoin que de Dieu.

CAMILLE.

Je suis bien aise que mon refus vous soit indifférent.[7]

PERDICAN.

Il ne m'est point indifférent, Camille. Ton amour m'eût donné la vie,[8] mais ton amitié m'en consolera. Ne quitte pas le château demain ; hier, tu as refusé de faire un tour de jardin, parce que tu voyais en moi un mari dont tu ne voulais pas.[9] Reste ici quelques jours ; laisse-moi espérer que notre vie passée n'est pas morte à jamais[10] dans ton cœur.

1) **Que crains-tu de moi ?** : 「내가 어떻게 너에게 두려운 것인가 ?」.
2) **on**=nous.
3) **est-ce une raison pour nous haïr ?** : 「그렇다고 해서 서로 미워해야만 되는 것인가」.
4) **elle a voulu que notre amitié fût éternelle** : fût 는 être 의 *subjonctif imparfait*. 주절의 동사가 意志의 뜻을 나타내기 때문에, 그 목적이 되는 명사절 속의 동사는 접속법이 된다. 또한 이 글에서 주절의 동사가 과거로 표시되었기 때문에, 그와 동시에 일어나는 일은 접속법반과거로 표시한 것이다.
5) **pour qu'elles restent unies** : pour que 라는 부사절 다음에서는 동사가 접속법이 된다. restent 는 접속법동사.
6) **crois-tu qu'il nous faille un prêtre ?** : 주절의 동사가 의혹을 나타내는 말이기 때문에 그 목적이 되는 명사절 속의 동사 falloir 가 접속법 동사변화 faille 로 된 것.
7) **Je suis bien aise que mon refus vous soit indifférent** : 이 글에서는 "선행사가 최상급의 형용사, 또는 그것에 준하는 형용사로 수식되어 있는 경우, 형용사절 속의 동사가 접속법이 된다"는 법칙에 준한 것이다. 즉 soit 가 접속법.
8) **Ton amour m'eût donné la vie** : eût donné 는 실현되지 않은 未定의 사실을 표시하기 위해서 사용된 조건법 과거동사. 「너의 사랑은 나에게 생명을 주었을 것이다」.
9) **parce que tu voyais en moi un mari dont tu ne voulais pas** : dont=de+관계대명사. 「그것은 네가 나에게 대해서 결혼하고 싶지 않은 신랑감으로 보고 있었기 때문이다」.
10) **à jamais** : 「완전히, 결코」.

CAMILLE.

Je suis obligée de partir.[1]

PERDICAN.

Pourquoi ?

CAMILLE.

C'est mon secret.

PERDICAN.

En aimes-tu un autre que moi ?

CAMILLE.

Non ; mais je veux partir.

PERDICAN.

Irrévocablement ?

CAMILLE.

Oui, irrévocablement.

PERDICAN.

Eh bien ! adieu. J'aurais voulu[2] m'asseoir avec toi sous les marronniers du petit bois, et causer de bonne amitié une heure ou deux. Mais si cela te déplaît, n'en parlons plus ; adieu, mon enfant. (*Il sort.*)

CAMILLE, *à dame Pluche qui entre.*

Dame Pluche, tout est-il prêt ? Partirons-nous demain ? Mon tuteur a-t-il fini ses comptes ?

DAME PLUCHE.

Oui, chère colombe sans tache. Le baron m'a traitée de pécore[3] hier soir, et je suis enchantée de partir.

---

1) **Je suis obligée de partir :** être obligé de+*inf* 「…하지 않을 수 없다, …하는 것이 필요하다」.

2) **J'aurais voulu :** vouloir 의 *conditionnel passé*. 「…하고 싶었건만」.

3) **Le baron m'a traitée de pécore :** traiter de 「…으로 취급하다」.

CAMILLE.

Tenez,[1] voilà un mot d'écrit que vous porterez avant dîner, de ma part,[2] à mon cousin Perdican.

DAME PLUCHE.

Seigneur mon Dieu ! est-ce possible ? Vous écrivez un billet à un homme ?

CAMILLE.

Ne dois-je pas être sa femme ?[3] Je puis bien écrire à mon fiancé.

DAME PLUCHE.

Le seigneur Perdican sort d'ici. Que pouvez-vous lui écrire ? Votre fiancé, miséricorde ![4] Serait-il vrai[5] que vous oubliez Jésus ?

CAMILLE.

Faites ce que je vous dis, et disposez tout pour notre départ. (*Elles sortent.*)

SCÈNE II

La salle à manger. — On met le couvert[6]

Entre MAITRE BRIDAINE.

Cela est certain, on lui donnera encore aujourd'hui la place d'honneur.[7] Cette chaise que j'ai occupée si longtemps à la droite du baron sera la proie du gouverneur Ô malheureux que je suis ! Un âne bâté, un ivrogne sans pudeur,[8] me relègue

1) **Tenez :** 간투사.
2) **de ma part :** 「내 대신, 나로부터라 하고」.
3) **Ne dois-je pas être sa femme ? :** 「나는 그이의 아내가 되어야 하는 것 아네요 ?」.
4) **Votre fiancé, miséricorde ! :** 「약혼자라고요, 딱하셔라 !」.
5) **Serait-il vrai :** 「que 이하가 사실이 되지 않겠는가」. être의 *conditionnel.*
6) **On met le couvert :** mettre le couvert 「食器들을 늘어놓다」.
7) **la place d'honneur :** 「上席」.
8) **un ivrogne sans pudeur :** 「염치를 모르는 주정뱅이」.

au bas bout de la table ![1] Le majordome lui versera le premier verre de Malaga, et lorsque les plats arriveront à moi, ils seront à moitié froids, et les meilleurs morceaux déjà avalés ; il ne restera plus autour des perdreaux ni choux ni carottes. Ô sainte Église catholique ! Qu'on lui ait donné cette place hier, cela se concevait ; il venait d'arriver ; c'était la première fois, depuis nombre d'années, qu'il s'asseyait à cette table. Dieu ! comme[2] il dévorait ! Non, rien ne me restera que[3] des os et des pattes de poulet. Je ne souffrirai pas cet affront. Adieu, vénérable fauteuil où je me suis renversé tant de fois,[4] gorgé de mets succulents ![5] Adieu, bouteilles cachetées, fumet sans pareil de venaisons cuites à point ![6] Adieu, table splendide, noble salle à manger, je ne dirai plus le *benedicite !*[7] Je retourne à ma cure ; on ne me verra pas confondu parmi la foule des convives, et j'aime mieux, comme César, être le premier au village que le second dans Rome.[8] *(Il sort.)*

SCÈNE III. — *Entrent* ROSETTE *et* PERDICAN.

Un champ devant une petite maison.

PERDICAN.

Puisque ta mère n'y est pas, viens faire un tour de promenade.

---

1) **au bas bout de la table ! :** 「식탁 말석으로」.
2) **comme :** 감탄사.
3) **rien ne me restera que... :** ne...que 「…밖에…아니다」.
4) **je me suis renversé tant de fois :** 「그 얼마나 여러차례 나는(그 의자 위에) 버티고 누었던가」.
5) **gorgé de mets succulents ! :** 「진수성찬(맛 있는 요리)에 배가 불러 가지고」.
6) **sans pareil de venaisons cuites à point ! :** sans pareil 「비길데 없는」. cuit(e) à point 「마치맞게 삶아진」.
7) ***benedicite* :** =bénédicité(佛). 「식사전 기도」.
8) **comme César, être le premier au village que le second dans Rome :** 「시저처럼 로마에서 두째로 있기보다는 촌락에서 첫째로 있으리라」. *cf.* César 가 알프스의 한 촌락을 통과하면서 표명한 소리.

ROSETTE.

Croyez-vous que cela me fasse du bien,[1] tous ces baisers que vous me donnez ?

PERDICAN.

Quel mal y trouves-tu ?[2] Je t'embrasserais devant ta mère. N'es-tu pas la sœur de Camille ? ne suis-je pas ton frère comme je suis le sien ?[3]

ROSETTE.

Des mots sont des mots, et des baisers sont des baisers. Je n'ai guère d'esprit,[4] et je m'en aperçois bien sitôt que je veux dire quelque chose.[5] Les belles dames savent leur affaire,[6] selon qu'on leur baise la main droite ou la main gauche ; leurs pères les embrassent sur le front, leurs frères sur la joue, leurs amoureux sur les lèvres ; moi, tout le monde m'embrasse sur les deux joues, et cela me chagrine.[7]

PERDICAN.

Que tu es jolie, mon enfant !

ROSETTE.

Il ne faut pas non plus vous fâcher pour cela. Comme vous

---

1) **Croyez-vous que cela me fasse du bien :** fasse 는 faire 의 *subjonctif*. croire 동사의 목적으로 쓰여진 종속문 속의 동사이기 때문에 접속법이 쓰인 것. du bien 「善, 선행, 덕행, 행복, 호의」.

2) **Quel mal y trouves-tu ?** 「어째서 나쁘다는 것이냐 ?」.

3) **ne suis-je pas ton frère comme je suis le sien ? :** le sien=le frère de Camille. 「나는 까미이유의 오빠가 되듯이 너의 오빠가 아니냐 ?」.

4) **Je n'ai guère d'esprit :** 「나는 상당히 머리가 나쁘다」.

5) **je m'en aperçois bien sitôt que je veux dire quelque chose :** 「무엇이고 말하고자 생각하는 그 순간에 그것이 생각납니다」. *cf.* sitôt que+*inf.* 「…하자마자 곧」. *Ex.* Sitôt qu'il reçut la lettre, il partit. 「편지를 받자마자 그는 출발하였다」.

6) **Les belles dames savent leur affaire :** 「훌륭한 부인님들은 다 알아차립니다」. 자기가 할 일을 알아차린다는 말로 다음 말을 받는다. 즉 selon qu'on leur baise la main gauche 「오른 손에 키스하였을 때는 어떻게, 왼 손에 키스하였을 때는 어떻게」. 직역을 하면 「사람들이 그들에게 오른 손에 키스하느냐 왼손에 키스하느냐에 따라서」.

7) **cela me chagrine :** 「시시하다, 짜증나게 하다」.

paraissez triste ce matin ![1] Votre mariage est donc manqué ?[2]

PERDICAN.

Les paysans de ton village se souviennent de[3] m'avoir aimé ; les chiens de la basse-cour et les arbres du bois s'en[4] souviennent aussi ; mais Camille ne s'en souvient pas. Et toi, Rosette, à quand le mariage ?

ROSETTE.

Ne parlons pas de cela, voulez-vous ? Parlons du temps qu'il fait,[5] de ces fleurs que voilà, de vos chevaux et de mes bonnets.

PERDICAN.

De tout ce qui te plaira, de tout ce qui peut passer sur tes lèvres sans leur ôter ce sourire céleste que je respecte plus que ma vie.[6] (*Il l'embrasse.*)

ROSETTE.

Vous respectez mon sourire, mais vous ne respectez guère mes lèvres,[7] à ce qu'il me semble.[8] Regardez donc, voilà une goutte de pluie qui me tombe sur la main,[9] et cependant le ciel est pur.[10]

---

1) **Comme vous paraissez triste ce matin :** 「오늘 아침에는 얼마나 슬픈 표정이셨는지」.
2) **Votre mariage est donc manqué ? :** 대화이기 때문에 긍정형으로 놓고도 어투로 의문이 될 수 있다. manquer 「(결혼이) 실패하다, 좌절되다」.
3) **se souviennent de :** se souvenir de+(*infinitif*) 「…을 기억하고 있다」.
4) **en**=de m'avoir aimé.
5) **Parlons du temps qu'il fait :** 「날씨에 관한 이야기를 하지요」.
6) **ce sourire céleste que je respecte plus que ma vie :** 「나의 생명보다도 더 존경하는 그 고귀한 미소」.
7) **vous ne respectez guère :** ne...guère 「거의…하지 않는다」.
8) **à ce qu'il me semble :** il 은 비인칭 주어. il me semble 「…한 것 같다」. à ce que me semble 「내 생각으로는」.
9) **qui me tombe sur la main :** me 는 간접목적어로 하고 그 신체부분인 la main 은 직접목적어로 하여 정관사를 붙인다.
10) **cependant le ciel est pur :** 「하늘에 구름도 없는데」.

PERDICAN.

Pardonne-moi.

ROSETTE.

Que vous ai-je fait, pour que vous pleuriez ?[1] (*Ils sortent.*)

SCÈNE IV. — *Entrent* MAITRE BLAZIUS *et* LE BARON.

Au château.

MAITRE BLAZIUS.

Seigneur, j'ai une chose singulière à vous dire. Tout à l'heure, j'étais par hasard dans l'office, je veux dire dans la galerie — qu'aurais-je été faire dans l'office ?[2] — j'étais donc dans la galerie. J'avais trouvé par accident[3] une bouteille, je veux dire une carafe d'eau — comment aurais-je trouvé une bouteille dans la galerie ?[4] — J'étais donc en train de boire un coup de vin, je veux dire un verre d'eau, pour passer le temps,[5] et je regardais par la fenêtre, entre deux vases de fleurs qui me paraissaient d'un goût moderne, bien qu'ils soient imités de l'étrusque.[6]

LE BARON.

Quelle insupportable manière de parler vous avez adoptée, Blazius ! Vos discours sont inexplicables.

MAITRE BLAZIUS.

Écoutez-moi, seigneur, prêtez-moi un moment d'attention.

---

1) **Que vous ai-je fait, pour que vous pleuriez ? :** pour que 다음에 따르는 동사는 *subjonctif*. 「당신을 울게 할, 어떤(무슨) 일을 내가 했단 말입니까」.

2) **qu'aurais-je été faire dans l'office ? :** j'aurais été 는 être 의 조건법과거형. 「식료품 저장실에 무슨 일이 있다고 갔겠읍니까 ?」.

3) **par accident :** 「우연히」.

4) **comment aurais-je trouvé une bouteille dans la galerie :** 2) 의 구문과 똑같은 형식. 「복도에서 어떻게 술병을 발견했겠읍니까 ?」.

5) **pour passer le temps :** 「심심풀이로, 소일삼아」.

6) **bien qu'ils soient imités de l'étrusque :** bien que(…이지만)에 연결되는 부사절의 동사는 *subjonctif*. 「에트루리아의 모사이긴 하지만」.

Je regardais donc par la fenêtre. Ne vous impatientez pas, au nom du ciel ! il y va de l'honneur de la famille.[1]

LE BARON.

De la famille ! Voilà qui est incompréhensible. De l'honneur de la famille, Blazius. Savez-vous que nous sommes trente-sept mâles, et presque autant de femmes,[2] tant à Paris qu'en province ?[3]

MAITRE BLAZIUS.

Permettez-moi de continuer. Tandis que je buvais un coup de vin, je veux dire un verre d'eau, pour hâter la digestion tardive, imaginez que j'ai vu passer sous la fenêtre dame Pluche hors d'haleine.[4]

LE BARON.

Pourquoi hors d'haleine, Blazius ? Ceci est insolite.

MAITRE BLAZIUS.

Et à côté d'elle, rouge de colère, votre nièce Camille.

LE BARON.

Qui était rouge de colère, ma nièce, ou dame Pluche ?

MAITRE BLAZIUS.

Votre nièce, seigneur.

LE BARON.

Ma nièce rouge de colère ! Cela est inouï ! Et comment savez-vous que c'était de colère ? Elle pouvait être rouge pour mille raisons ; elle avait sans doute poursuivi quelques papil-

---

1) **il y va de l'honneur de la famille :** 「댁내 문중의 명예에 관한 것입니다」.
2) **presque autant de femmes :** autant de 「…와 같은 양의, …와 같은 수의」.
3) **tant à Paris qu'en province :** tant que : 동등을 나타냄. 「…와 마찬가지로, …만큼」. à Paris, en province 양쪽에 동등하게. *Ex.* tant pour vous que pour moi 「나를 위한 것과 마찬가지로 당신을 위해서도」.
4) **dame Pluche hors d'haleine :** être hors d'haleine 「숨이 차다, 헐레벌떡하다」.

lons dans mon parterre.

MAITRE BLAZIUS.

Je ne puis rien affirmer là-dessus ;[1] cela se peut ;[2] mais elle s'écriait avec force : « Allez-y ! trouvez-le ! faites ce qu'on vous dit ! vous êtes une sotte ! je le veux ! »[3] Et elle frappait avec son éventail sur le coude de dame Pluche, qui faisait un soubresaut dans la luzerne à chaque exclamation.[4]

LE BARON.

Dans la luzerne ?... Et que répondait la gouvernante aux extravagances de ma nièce ? car cette conduite mérite d'être qualifiée ainsi.[5]

MAITRE BLAZIUS.

La gouvernante répondait : « Je ne veux pas y aller ! Je ne l'ai pas trouvé ! Il fait la cour aux filles[6] du village, à des gardeuses de dindons. Je suis trop vieille pour[7] commencer à porter des messages d'amour ; grâce à Dieu, j'ai vécu les mains pures[8] jusqu'ici » — et tout en parlant,[9] elle froissait dans ses mains un petit papier plié en quatre.

LE BARON.

Je n'y comprends rien ;[10] mes idées s'embrouillent tout à

1) **là-dessus :** 「그 점에 관해서」.
2) **cela se peut :** 「그것은 있을 수 있다」.
3) **je le veux ! :** 여기서는 「원한다」 보다도 강한 뜻으로 「그것이 나의 명령이다」.
4) **chaque exclamation :** 「이야기의 외침 때마다」.
5) **car cette conduite mérite d'être qualifiée ainsi :** ainsi는 위의 말을 지적한 것. 즉 extravagances. 「왜냐하면 그와 같은 행위는 그렇게 즉 폭행이라고 규정지워질 만하기 때문이오」.
6) **Il fait la cour aux filles :** faire sa cour au roi 「어전에(임금에게) 문안을 드리는」. 따라서 여기서는 「계집애들을 놀리고 있다. 희롱하고 있다」.
7) **Je suis trop vieille pour commencer à...:** trop...pour... 「…하기에는 너무나…하다, 지나치게…하다」.
8) **les mains pures :** 「더럽히지 않은 손, 정결한 손」.
9) **tout en parlant :** *gérondif*. tout는 강조.
10) **Je n'y comprends rien :** ne...rien의 용법.

fait.[1] Quelle raison pouvait avoir dame Pluche pour froisser un papier plié en quatre en faisant des soubresauts dans une luzerne ? Je ne puis ajouter foi[2] à de pareilles monstruosités.

MAITRE BLAZIUS.

Ne comprenez-vous pas clairement, seigneur, ce que cela signifiait [3]

LE BARON.

Non, en vérité, non, mon ami, je n'y comprends absolument rien.[4] Tout cela me paraît une conduite désordonnée, il est vrai, mais sans motif comme sans excuse.[5]

MAITRE BLAZIUS.

Cela veut dire que votre nièce a une correspondance secrète.

LE BARON.

Que dites-vous ? Songez-vous de qui vous parlez ? Pesez vos paroles, monsieur l'abbé.

MAITRE BLAZIUS.

Je les[6] pèserais dans la balance céleste qui doit peser mon âme au jugement dernier,[7] que je n'y trouverais pas un mot qui sente la fausse monnaie.[8] Votre nièce a une correspondance secrète.

---

1) **tout à fait :** 「완전히」.

2) **Je ne puis ajouter foi :** puis=peux, ajouter foi à *qch* 「…을 믿다」.

3) **ce que cela signifiait ? :** 「그것이 의미하는 바의 것」.

4) **je n'y comprends absolument rien :** 「절대로 아무 것도 모른다」.

5) **mais sans motif comme sans excuse :** comme 가 et 와 같은 뜻으로 사용된 것. *Ex.* sur la terre comme au ciel 「땅과 하늘에서」. 그러므로 이 글의 뜻은 「동기도 없고 변명도 없오」.

6) **les**=mes paroles.

7) **la balance céleste qui doit peser mon âme au jugement dernier :** jugement dernier 「최후의 심판」.

8) **je n'y trouverais pas un mot qui sente la fausse monnaie :** 바로 앞의 말이나 마찬가지로 이것도 가정이기 때문에 trouver 동사가 *conditionnel* 로 사용되어 있다. 「가짜돈 냄새나는 말은 한 마디도 없을 것이라」는 소리.

LE BARON.

Mais songez donc, mon ami, que cela est impossible !

MAITRE BLAZIUS.

Pourquoi[1] aurait-elle chargé sa gouvernante d'une lettre ? Pourquoi aurait-elle crié : *Trouvez-le !* tandis que l'autre[2] boudait et rechignait ?

LE BARON.

Et à qui était adressée cette lettre ?

MAITRE BLAZIUS.

Voilà précisément le *hic*, monseigneur, *hic jacet lepus.*[3] A qui était adressée cette lettre ? à un homme qui fait la cour à une gardeuse de dondons. Or, un homme qui recherche en public[4] une gardeuse de dindons peut être soupçonné violemment d'être né pour les garder lui-même.[5] Cependant il est impossible que votre nièce, avec l'éducation qu'elle a reçue soit éprise d'un tel homme ;[6] voilà ce que je dis, et ce qui fait que je n'y comprends rien non plus que vous,[7] révérence parler.[8]

---

1) **Pourquoi :** 이 말 속에는 그렇다면은 하는 마음 속에 생각도 들어있다. 「그렇다면 어째서」.

2) **l'autre :** 「상대방」.

3) **hic jacet lepus :** 라틴어에서 論爭 때 사용하는 일종의 은유법. 「이것이 바로 어려운 점이다」라는 의미. 불어로 직역하면 「ici gît le lièvre」.

4) **en public :** 「공공연히」.

5) **soupconné violemment d'être né pour les garder lui-même :** pour les garder 「칠면조들을 지키기 위해서」. 그러니까 이 글의 뜻은 「자기 자신도 한사코 칠면조를 파수하기 위해서 태어났다고 상상되는」.

6) **Cependant il est impossible que votre nièce soit éprise d'un tel homme :** 이 글에서 être 동사가 *subjonctif* 로 사용된 것은 주절의 뜻이 의혹을 나타내는 非人稱 구문이기 때문에 실제상의 주어인 que 이하의 동사가 접속법이 된 것. tel homme 「그와 같은 남자」.

7) **je n'y comprends rien non plus que vous :** 「나도 역시 당신이나 마찬가지로 아무것도 이해할 수 없읍니다」. non plus que 「마찬가지로(…아니다)」. *Ex.* Il ne bouge non plus qu'une statue. 「그는 동상처럼 까딱도 않는다」.

8) **révérence parler :** 「말씀드리기 황공하오나」. 상대방의 기분을 손상시킬 우려가 있는 말을 할 때 사용하는 어투.

LE BARON.

Ô ciel ! ma nièce m'a déclaré ce matin même qu'elle refusait son cousin Perdican. Aimerait-elle[1] un gardeur de dindons ? Passons dans mon cabinet ; j'ai éprouvé depuis hier des secousses si violentes que je ne puis rassembler mes idées. (*Ils sortent.*)

Scène V

Une fontaine dans un bois.

Entre PERDICAN, *lisant un billet.*

« Trouvez-vous à midi à la petite fontaine.»[2] Que veut dire cela ? tant de froideur,[3] un refus si positif, si cruel, un orgueil si insensible, et un rendez-vous par-dessus tout ?[4] Si c'est pour me parler d'affaires, pourquoi choisir un pareil endroit ? Est-ce une coquetterie ? Ce matin, en me promenant avec Rosette, j'ai entendu remuer dans les broussailles, et il m'a semblé que c'était un pas de biche. Y a-t-il ici quelque intrigue ? (*Entre Camille.*)

CAMILLE.

Bonjour, cousin ; j'ai cru m'apercevoir, à tort ou à raison, que vous me quittiez tristement ce matin.[5] Vous m'avez pris la main malgré moi,[6] je viens vous demander de me donner

---

1) **Aimerait-elle :** *conditionnel.*
2) **《Trouvez-vous à midi à la petite fontaine》:** 「정오에 작은 샘터까지 와 주십시오」.
3) **tant de froideur :** tant de 「대단히 많은」. *Ex.* tant de voitures 「수 많은 자동차들」.
4) **et un rendez-vous par-dessus tout ? :** 「…한 짓을 다 해 놓고서 밀회라니 ?」.
5) **j'ai cru m'apercevoir, à tort ou à raison, que vous me quittiez tristement ce matin :** s'apercevoir que+*ind* 「…을 깨닫다, 알아차리다」. *Ex.* Il s'aperçut que ses auditeurs étaient lassés. 「그는 청중들이 지친 것을 알아차렸다」. à tort ou à raison 「(내 생각이) 옳은지 틀렸는지(모르지만)」.
6) **malgré moi :** 「내가 싫다는데도 불구하고」.

la vôtre.[1] Je vous ai refusé un baiser, le voilà.[2] (*Elle l'embrasse.*) Maintenant, vous m'avez dit que vous seriez bien aise de causer de bonne amitié.[3] Asseyez-vous là, et causons. (*Elle s'assoit.*)

PERDICAN.

Avais-je fait un rêve, ou en fais-je un autre en ce moment ?[4]

CAMILLE.

Vous avez trouvé singulier[5] de recevoir un billet de moi, n'est-ce pas ? Je suis d'humeur changeante ; mais vous m'avez dit ce matin un mot très juste : « Puisque nous nous quittons, quittons-nous bons amis. » Vous ne savez pas la raison pour laquelle[6] je pars, et je viens vous la[7] dire : je vais prendre le voile.

PERDICAN.

Est-ce possible ?[8] Est-ce toi, Camille, que je vois dans cette fontaine, assise sur les marguerites, comme aux jours d'autrefois ?

CAMILLE.

Oui, Perdican, c'est moi. Je viens revivre un quart d'heure

---

1) **je viens vous demander de me donner la vôtre :** la vôtre=votre main. 「이번에는 내가 당신 손을 잡게 해주셔요」.
2) **le voilà**=voilà le baiser.
3) **vous m'avez dit que vous seriez bien aise de causer de bonne amitié :** 이 글에서는, 시칭(時稱)의 일치법칙을 따라서, 주절의 동사가 과거로 된 문형이기 때문에 종속절의 동사가 미래를 가리키는 내용이므로 조건법 현재로 표시된 것. *Ex.* Vous me dites que vous resterez jusqu'à samedi.→Vous m'avez dit que vous resteriez jusqu'à samedi. être bien aise de+*inf.* 「…하는 것이 대단히 기쁘다, …하는 것이 대단히 만족스럽다」.
4) **Avais-je fait un rêve, ou en fais-je un autre en ce moment ? :** 「나는 꿈을 꾸고 있었던 것인가(과거에) 또는 지금 현재 또 다른 꿈을 꾸고 있는 것인가?」.
5) **Vous avez trouvé singulier :** trouver 「생각하다」.
6) **laquelle :** la raison 을 받는 관계대명사.
7) **la**= la raison pour laquelle je pars.
8) **Est-ce possible ? :** 이 말은 바로 위에서 한 Camille의 말을 받는 것이 아니라, 현재 Perdican이 처하고 있는 상황을 가리키는 말이다. 그러니까 「이런 일이 있을 수 있을까?」이다.

de la vie passée. Je vous ai paru brusque et hautaine ; cela est tout simple, j'ai renoncé au monde.[1] Cependant, avant de le[2] quitter, je serais bien aise d'avoir votre avis. Trouvez-vous que j'ai raison de me faire religieuse ?

PERDICAN.

Ne m'interrogez pas là-dessus, car je ne me ferai jamais moine.

CAMILLE.

Depuis près de dix ans que nous avons vécu éloignés l'un de l'autre,[3] vous avez commencé l'expérience de la vie. Je sais quel homme vous êtes, et vous devez avoir beaucoup appris en peu de temps avec un cœur et un esprit[4] comme les vôtres. Dites-moi, avez-vous eu des maîtresses ?

PERDICAN.

Pourquoi cela ?

CAMILLE.

Répondez-moi, je vous en prie, sans modestie et sans fatuité.

PERDICAN.

J'en ai eu.

CAMILLE.

Les avez-vous aimées ?

PERDICAN.

De tout mon cœur.[5]

---

1) **j'ai renoncé au monde :** 「나는 세상 (속세) 을 버리다」.
2) **le**=le monde.
3) **l'un de l'autre :** 「서로서로」.
4) **vous devez avoir beaucoup appris en peu de temps avec un cœur et un esprit comme les vôtres :** vous devez avoir beaucoup appris 「당신은 많은 것을 배웠으리라고」. avec un cœur et un esprit comme les vôtres : 「당신과 같은 마음과 정신을 지니고 있으면」.
5) **De tout mon cœur :** 「한 껏」.

CAMILLE.

Où sont-elles maintenant ? Le savez-vous ?

PERDICAN.

Voilà, en vérité, des questions singulières. Que voulez-vous que je vous dise ?[1] Je ne suis ni leur mari ni leur frère ; elles sont allées où bon leur a semblé.[2]

CAMILLE.

Il doit nécessairement y en avoir une que vous ayez préférée aux autres.[3] Combien de temps avez-vous aimé celle que vous avez aimée le mieux ?

PERDICAN.

Tu es une drôle de fille ! Veux-tu te faire mon confesseur ?

CAMILLE.

C'est une grâce[4] que je vous demande de me répondre sincèrement. Vous n'êtes point un libertin, et je crois que votre cœur a de la[5] probité. Vous avez dû inspirer l'amour,[6] car vous le[7] méritez, et vous ne vous seriez pas livré à un caprice.[8] Répondez-moi, je vous en prie.

---

1) **Que voulez-vous que je vous dise ? :** dire 의 *subjonctif* dise 가 사용된 것은 주절이 의혹을 나타내는 것이기 때문에 그 목적이 된 명사절 속에서 그처럼 사용된 것이다.

2) **elles sont allées où bon leur a semblé :** *cf.* ce qui vous semble bon ; ce que bon vous semble 「당신 좋으신대로(하시오)」.

3) **Il doit nécessairement y en avoir une que vous ayez préférée aux autres :** 이 글의 경우도 의혹을 나타내는 非人稱構文이기 때문에 실제상의 주어가 되는 que 이후의 동사가 접속법으로 사용된 것. en 은 une fille. préférer à 「보다 좋아하다」 (=aimer mieux).

4) **C'est une grâce :** 「제발」.

5) **de la :** 부분관사.

6) **Vous avez dû inspirer l'amour :** *cf.* devoir: 추정 「(아마도)…일 것이다」. *Ex.* Il a dû partir ce matin. 「그는 오늘 아침 떠났음이 틀림없다」. inspirer 「(감정 · 생각 따위를) 품게하다」. 따라서 이글은 「당신은 사랑을 품게 만들었을 것이 틀림없다」→「당신은 여자들로부터 사모를 받았을 것이 틀림 없다」.

7) **le**=inspirer l'amour.

8) **vous ne vous seriez pas livré à un caprice :** seriez 은 être 의 *conditionnel*, 「당신은 한 때의 바람기에서 몸을 내맞기게 되는 일은 없었을 것입니다」.

PERDICAN.

Ma foi,[1] je ne m'en souviens pas.

CAMILLE.

Connaissez-vous un homme qui n'ait aimé qu'une femme?

PERDICAN.

Il y en a certainement.

CAMILLE.

Est-ce un de vos amis? Dites-moi son nom.

PERDICAN.

Je n'ai pas de nom à vous dire; mais je crois qu'il y a des hommes capables de[2] n'aimer qu'une fois.

CAMILLE.

Combien de fois un honnête homme[3] peut-il aimer?

PERDICAN.

Veux-tu me faire réciter une litanie,[4] ou récites-tu toi-même un catéchisme?

CAMILLE.

Je voudrais m'instruire, et savoir si j'ai tort ou raison de me faire religieuse.[5] Si je vous épousais, ne devriez-vous pas répondre[6] avec franchise à toutes mes questions, et me montrer votre cœur à nu?[7] Je vous estime beaucoup, et je vous crois, par votre éducation et par votre nature, supérieur à beaucoup

---

1) **Ma foi:** 「정말이지, 진정」.
2) **des hommes capables de...:** 「de 이하의 사실이 가능한 남자들」.
3) **un honnête homme:** 「정직한 사람, 선량한 사람」. *cf.* un homme honnête 「공손한 사람」.
4) **litanie:** 「連禱」. 길고 지루한 열거를 가리키는 말을 비유하기도 함.
5) **savoir si j'ai tort ou raison de...:** 간접화법에서 그 문장이 의문문일 경우 si를 접속사로 한다. 「de 이하의 일이 옳은지 그른지 아는 일」.
6) **Si je vous épousais, ne devriez-vous pas répondre:** 어떤 조건을 나타내는 글, 조건절(si+직설법 반과거동사)→결과절(조건법 현재동사).
7) **votre cœur à nu:** 「적나라(赤裸裸)한 당신의 마음」.

d'autres hommes. Je suis fâchée que vous ne vous souveniez plus de ce que je vous demande ; peut-être en vous connaissant mieux je m'enhardirais.

PERDICAN.

Où veux-tu en venir ?[1] parle ; je répondrai.

CAMILLE.

Répondez donc à ma première question. Ai-je raison de rester au couvent ?

PERDICAN.

Non.

CAMILLE.

Je ferais donc mieux de vous épouser ?

PERDICAN.

Oui.

CAMILLE.

Si le curé de votre paroisse soufflait sur un verre d'eau, et vous disait que c'est un verre de vin, le boiriez-vous comme tel ?[2]

PERDICAN.

Non.

CAMILLE.

Si le curé de votre paroisse soufflait sur vous, et me disait que vous m'aimerez toute votre vie,[3] aurais-je raison de le croire ?[4]

---

1) **Où veux-tu en venir ?**:「대체 어떤 이야기가 되기를 원하는가 ?」.
2) **Si le curé...boiriez-vous comme tel ?**: 이 글도 역시 어떤 가정을 내세워 이야기한 글. comme tel「그런 것으로서 (그렇다고 생각하고)」.
3) **vous m'aimerez toute votre vie**:「당신이 일생 동안 나를 사랑하리라」.
4) **aurais-je raison de le croire ?**:「내가 그것을 믿는 일이 옳겠읍니까 ?」.

PERDICAN.

Oui et non.

CAMILLE.

Que me conseilleriez-vous de faire le jour où je verrais que vous ne m'aimez plus ?

PERDICAN.

De prendre un amant.

CAMILLE.

Que ferai-je ensuite le jour où mon amant ne m'aimera plus ?

PERDICAN.

Tu en[1] prendras un autre.

CAMILLE.

Combien de temps cela durera-t-il ?

PERDICAN.

Jusqu'à ce que tes cheveux soient[2] gris, et alors les miens seront blancs.

CAMILLE.

Savez-vous ce que c'est que les cloîtres,[3] Perdican ? Vous êtes-vous jamais assis un jour entier[4] sur le banc d'un monastère de femmes ?

PERDICAN.

Oui, je m'y suis assis.

---

1) **en**=un amant.

2) **ce que tes cheveux soient gris :** soient 가 *subjonctif* 로 쓰인 점 주의.

3) **Savez-vous ce que c'est que les cloîtres ? :** 의문문에 있어서 간접화법을 쓸 때는 그 문장이 의문사로 된 글이면 그대로 간접의문으로 하고 倒置하지 않는다. 그러나 직접의문일 경우에는 qu'est-ce qui 는 → ce qui 로 que (qu'est-ce que) 는→ ce que 로 한다. 여기의 말 뜻은「당신은 수도원이란 어떤 것인지 아세요?」.

4) **un jour entier :**「하루 온 종일」.

CAMILLE.

J'ai pour amie une sœur qui n'a que trente ans, et qui a eu cinq cent mille livres de revenu à l'âge de quinze ans.[1] C'est la plus belle et la plus noble créature qui ait marché sur terre.[2] Elle était pairesse du parlement, et avait pour mari un des hommes les plus distingués de France. Aucune des nobles facultés humaines n'était restée sans culture en elle ; et, comme un arbrisseau d'une sève choisie,[3] tous ses bourgeons avaient donné des ramures. Jamais l'amour et le bonheur ne poseront leur couronne fleurie sur un front plus beau. Son mari l'a trompée ; elle a aimé un autre homme, et elle se meurt de désespoir.[4]

PERDICAN.

Cela est possible.

CAMILLE.

Nous habitons la même cellule, et j'ai passé des nuits entières à parler de ses malheurs ; ils sont presque devenus les miens ; cela est singulier, n'est-ce pas ? Je ne sais trop comment cela se fait.[5] Quand elle me parlait de son mariage, quand elle me peignait d'abord l'ivresse des premiers jours,[6] puis la tranquillité des autres,[7] et comme enfin tout s'était envolé ;[8] comme elle était assise le soir au coin du feu, et lui

---

1) **qui a eu cinq cent mille livres de revenu à l'âge de quinze ans :** livre「옛 화폐의 단위」. revenu「연수입(개인의), 소득」. à l'âge de quinze ans「열다섯 살에」.
2) **créature qui ait marché sur terre :**「땅 위를 걸은 사람」.
3) **comme un arbrisseau d'une sève choisie :**「훌륭한 樹液을 지닌 관목처럼」.
4) **elle se meurt de désespoir :**「그녀는 실망으로 죽을 지경입니다」.
5) **Je ne sais trop comment cela se fait :**「어째서 그와 같은 일이 생기는 것인지 잘 모르겠어요」.
6) **Quand elle me...quand elle...:**「그녀가 나에게 결혼 이야기를 해주었을 때, 그녀가 최초로…하였을 때」.
7) **puis la tranquillité des autres :**「그 다음에 계속되는 며칠간의 평정」.
8) **comme enfin tout s'était envolé :**「마침내는 모든 것이 사라져버린 일」.

auprès de la fenêtre, sans se dire un seul mot ; comme leur amour avait langui, et comme tous les efforts pour se rapprocher n'aboutissaient qu'à des querelles ; comme[1] une figure étrangère est venue peu à peu se placer entre eux et se glisser dans leurs souffrances ; c'était moi que je voyais agir tandis qu'elle parlait.[2] Quand elle disait : « Là, j'ai été heureuse », mon cœur bondissait ; et quand elle ajoutait : « Là, j'ai pleuré », mes larmes coulaient. Mais figurez-vous quelque chose de plus singulier encore ; j'avais fini par me créer une vie imaginaire ; cela a duré quatre ans ; il est inutile de vous dire par combien de réflexions, de retours sur moi-même,[3] tout cela est venu. Ce que je voulais vous raconter comme une curiosité, c'est que tous les récits de Louise, toutes les fictions de mes rêves portaient votre ressemblance.[4]

PERDICAN.

Ma ressemblance, à moi ?

CAMILLE.

Oui, et cela est naturel : vous étiez le seul homme que j'eusse connu.[5] En vérité, je vous ai aimé, Perdican.

PERDICAN.

Quel âge as-tu, Camille ?

CAMILLE.

Dix-huit ans.

---

1) **comme..., comme...:** 「…할 때」.
2) **tandis qu'elle parlait :** 「그녀가 이야기하는 동안」.
3) **par combien de réflexions, de retours sur moi-même :** 「얼마나 많은 반성에 의해서, 또 몇 차례나 나 자신으로 되돌아옴으로써」.
4) **votre ressemblance :** 「당신을 닮았다는 일」.
5) **vous étiez le seul homme que j'eusse connu :** 주절의 동사가 과거이면서, 그 보다 이전에 일어난 일을 표시할 때는 접속법 대과거를 쓴다.

PERDICAN.

Continue, continue ; j'écoute.

CAMILLE.

Il y a deux cents femmes dans notre couvent ; un petit nombre de ces femmes[1] ne connaîtra jamais la vie, et tout le reste attend la mort. Plus d'une parmi elles[2] sont sorties du monastère comme j'en[3] sors aujourd'hui, vierges et pleines d'espérances.[4] Elles sont revenues peu de temps après, vieilles et désolées. Tous les jours il en meurt[5] dans nos dortoirs, et tous les jours il en[6] vient de nouvelles prendre la place des mortes sur les matelas de crin. Les étrangers[7] qui nous visitent admirent le calme et l'ordre de la maison ; ils regardent attentivement la blancheur de nos voiles, mais ils se demandent pourquoi nous les[8] rabaissons sur nos yeux. Que pensez-vous de ces femmes, Perdican ? Ont-elles tort, ou ont-elles raison ?

PERDICAN.

Je n'en sais rien.

CAMILLE.

Il s'en est trouvé quelques-unes[9] qui me conseillent de rester vierge. Je suis bien aise de vous consulter.[10] Croyez-vous que ces femmes-là auraient mieux fait de prendre un amant et de

---

1) **un petit nombre de ces femmes :** 「그 부인들 중의 소수」.
2) **Plus d'une parmi elles :** 「그녀들 중의 대다수가」.
3) **en**=du monastère.
4) **pleines d'espérances :** plein(e) de 「…으로 충만한」.
5) **il en meurt :** en=elles. il은 비인칭 대명사.
6) **il en vient :** 5)와 똑같은 형식.
7) **Les étrangers :** qui nous visitent 하는 외부사람들.
8) **les**=les voiles.
9) **Il s'en est trouvé quelques unes :** se trouver=être.
10) **Je suis bien aise de vous consulter :** être bien aise de+*inf*. 「…하는 것이 대단히 기쁘다, 당신께 의논드릴 수 있어서 대단히 기뻐요」.

me conseiller d'en faire autant ?[1]

PERDICAN.

Je n'en sais rien.

CAMILLE.

Vous aviez promis[2] de me répondre.

PERDICAN.

J'en suis dispensé tout naturellement ;[3] je ne crois pas que ce soit toi qui parles.[4]

CAMILLE.

Cela se peut,[5] il doit y avoir dans toutes mes idées des choses très ridicules. Il se peut bien qu'on m'ait fait la leçon, et que je ne sois qu'un perroquet mal appris.[6] Il y a dans la galerie un petit tableau qui représente un moine courbé sur un missel ; à travers les barreaux obscurs de sa cellule glisse un faible rayon de soleil, et on aperçoit une locanda[7] italienne, devant laquelle danse un chevrier. Lequel de ces deux hommes estimez-vous davantage ?

PERDICAN.

Ni l'un ni l'autre et tous les deux.[8] Ce sont deux hommes

---

1) **ces femmes-là auraient mieux fait de prendre un amant et de me conseiller d'en faire autant ? :** de prendre...et de me conseiller 가 다 함께 auraient fait 에 걸린다. en=prendre un amant. 그러니까 이 글의 뜻은 「그 여자들은 애인을 만들었던 편이 그리고 나에게도 그와 똑같이 하도록 권유하였던 편이 더 나았다고」 당신은 생각하십니까 가 된다.

2) **Vous aviez promis :** 대과거.

3) **J'en suis dispensé tout naturellement :** en=de promesse. 「나는 당연히 그 약속으로부터 해방되어 있다.」

4) **je ne crois pas que ce soit toi qui parles :** 주절의 동사가 의혹을 나타내는 뜻이기 때문에 그 목적이 되는 명사절 속의 동사가 접속법으로 변화하였다.

5) **Cela se peut :** 「그럴 수도 있겠지요」.

6) **je ne sois qu'un perroquet mal appris :** 이 글이 앞에 비인칭 구문을 지녔기 때문에 être 가 접속법동사 변화한 것이며, ne...que 는 「…밖에…아니다」와 mal appris 「잘못 배운」을 연결하면 쉽게 이해된다.

7) **locanda :** 이탈리아의 주막집.

8) **ni l'un ni l'autre et tous les deux :** 이 글은 위의 질문을 받아서 하는 대답이기 때문에 「그 어느 편도(존경하지 않고) 또 두 사람 다 (존경한다)」.

de chair et d'os ;[1] il y en a un qui lit et un autre qui danse ;[2] je n'y vois pas autre chose. Tu as raison de te faire religieuse.

CAMILLE.

Vous me disiez non tout à l'heure.

PERDICAN.

Ai-je dit non ? Cela est possible.

CAMILLE.

Ainsi vous me le[3] conseillez ?

PERDICAN.

Ainsi tu ne crois à rien ?

CAMILLE.

Lève la tête, Perdican ! quel est l'homme qui ne croit à rien ?

PERDICAN, *se levant.*

En voilà un ; je ne crois pas à la vie immortelle. — Ma sœur chérie, les religieuses t'ont donné leur experience ; mais, crois-moi, ce n'est pas la tienne ; tu ne mourras pas sans aimer.

CAMILLE.

Je veux aimer, mais je ne veux pas souffrir ; je veux aimer d'un amour éternel, et faire des serments qui ne se violent pas.[4] Voilà mon amant. (*Elle montre son crucifix.*)

PERDICAN.

Cet amant-là n'exclut pas les autres.

---

1) **ce sont deux hommes de chair et d'os :** 「그들은 살과 뼈를 가진 남자들이다」.
2) **il y en a un qui lit et un autre qui danse :** 「책을 읽는 자도 있고 춤을 추는 자도 있다」.
3) **le**=faire religieuse.
4) **faire des serments qui ne se violent pas :** 이 글은 앞의 je veux 에 걸리는 것이다.

CAMILLE.

Pour moi, du moins,[1] il les exclura. Ne souriez pas, Perdican ! Il y a dix ans que je ne vous ai vu, et je pars demain. Dans[2] dix autres années, si nous nous revoyons, nous en[3] reparlerons. J'ai voulu ne pas rester dans votre souvenir comme une froide statue, car l'insensibilité mène au point où j'en suis.[4] Écoutez-moi ; retournez à la vie, et tant que vous serez heureux,[5] tant que vous aimerez comme on peut aimer sur la terre,[6] oubliez votre sœur Camille ; mais s'il vous arrive jamais d'être oublié ou d'oublier vous-même,[7] si l'ange de l'espérance vous abandonne, lorsque vous serez seul avec le vide dans le cœur, pensez à moi qui prierai pour vous.

PERDICAN.

Tu es une orgueilleuse ; prends garde à toi.[8]

CAMILLE.

Pourquoi ?

PERDICAN.

Tu as dix-huit ans, et tu ne crois pas à l'amour ?

CAMILLE.

Y croyez-vous, vous qui parlez ?[9] vous voilà courbé près de

---

1) **du moins :** 「적으나마」.

2) **Dans dix autres années :** 「다시 또 10년 후」. *cf.* dans la journée 「그날 안으로」. dans les trois jours 「사흘 안으로」. dans trois jours 「(지금으로부터) 사흘 후에」.

3) **en :** 「이 일」. 두 사람이 이야기한 일.

4) **car l'insensibilité mène au point où j'en suis :** 「왜냐하면 무감정이 나를 이런 여자로 만들었으니까요」.

5) **tant que vous serez heureux :** tant que 「…의 한도에서, …하는 한」.

6) **tant que vous aimerez comme on peut aimer sur la terre :** 「사람들이 지상에서 사랑할 수 있듯이 당신이 사랑하실 수 있는 한」.

7) **s'il vous arrive jamais d'être oublié ou d'oublier vous-même :** 「만약에 당신이 잊혀지거나 또는 당신 자신이 잊어버리시거든」. *cf.* si jamais 「언젠가」. *E*x. si jamais deviens riche 「언젠가 내가 부자가 되거든」.

8) **prends garde à toi :** prendre garde à *qn*[*qch*] 「…을 경계하다」.

9) **vous qui parlez :** 「그렇게 이야기하는 당신」.

moi avec des genoux qui se sont usés[1] sur les tapis de vos maîtresses, et vous n'en[2] savez plus le nom. Vous avez pleuré des larmes de joie et des larmes de désespoir ; mais vous saviez que l'eau des sources est plus constante que vos larmes, et qu'elle serait toujours là pour laver vos paupières gonflées. Vous faites votre métier de jeune homme,[3] et vous souriez quand on vous parle de femmes désolées ; vous ne croyez pas qu'on puisse mourir d'amour, vous qui vivez et qui avez aimé.[4] Qu'est-ce donc que le monde ? Il me semble que vous devez cordialement mépriser les femmes qui vous prennent tel que vous êtes,[5] et qui chassent leur dernier amant pour vous attirer dans leurs bras[6] avec les baisers d'un autre sur les lèvres.[7] Je vous demandais tout à l'heure si vous aviez aimé ; vous m'avez répondu comme un voyageur à qui l'on demanderait s'il a été en Italie ou en Allemagne,[8] et qui dirait :[9] Oui, j'y ai été ; puis qui penserait à aller en Suisse, ou dans le premier pays venu.[10] Est-ce donc une monnaie que votre

---

1) **se sont usés :** 「해지다, 닳다」.
2) **en**=vos maîtresse.
3) **Vous faites votre métier de jeune homme :** 직역을 하면 「당신은 젊은이로서 당신의 직업을 삼는다」. 그러니까 이 글의 뜻은 「당신은 직업처럼, 젊은이(젊은 남자) 역을 맡는다」.
4) **vous qui vivez et qui avez aimé :** 「(지금 현재) 살고 있는 당신이, 그리고 사랑하였던 일이 있는 당신이」.
5) **qui vous prennent tel que vous êtes :** tel que 「…와 같은」(=comme, ainsi que). *Ex.* Il est tel que son père. 「그는 아버지와 같다」. 그러므로 이 글의 뜻은 「당신네들을 그런 사람들인 줄 잘 알면서」.
6) **qui chassent leur dernier amant pour vous attirer dans leurs bras :** leur dernier amant 「지금까지의 연인」. 따라서 「당신네들을 자기네들 품 속에 attirer 하기 위해서 그들의 dernier amant 을 몰아낸다」.
7) **avec les baisers d'un autre sur les lèvres :** avec les baiser d'un autre 「다른 남자의 입맞춤을 지니고」.
8) **comme un voyageur à qui l'on demanderait s'il a été en Italie ou en Allemagne :** si 以下의 질문을 간접 화법으로 표시한 글. 「이탈리아에 간 일이 있느냐, 독일에 간 일이 있느냐고 질문을 당하게 된 여행자와 같이」.
9) **qui dirait :** 여기의 qui 그 앞뒤에 있는 qui 는 모두 voyageur 를 가리키는 qui.
10) **ou dans le premier pays venu :** 「또는 닥치는대로 어느 나라고」.

amour pour qu'il puisse passer ainsi de mains en mains jusqu'à la mort ? Non, ce n'est pas même une monnaie ; car la plus mince pièce d'or vaut mieux que vous, et dans quelques mains qu'elle passe, elle garde son effigie.

PERDICAN.

Que tu es belle, Camille, lorsque tes yeux s'animent !

CAMILLE.

Oui, je suis belle, je le sais. Les complimenteurs ne m'apprendront rien ; la froide nonne qui coupera mes cheveux pâlira peut-être de sa mutilation ; mais ils ne se changeront pas en bagues et en chaînes pour courir les boudoirs ;[1] il n'en manquera pas un seul sur ma tête lorsque le fer y passera,[2] je ne veux qu'un coup de ciseau,[3] et quand le prêtre qui me bénira me mettra au doigt l'anneau d'or de mon époux céleste,[4] la mèche de cheveux que je lui donnerai pourra lui[5] servir de manteau.

PERDICAN.

Tu es en colère, en vérité.

CAMILLE.

J'ai eu tort de parler ; j'ai ma vie entière sur les lèvres.[6] Ô Perdican ! ne raillez pas ; tout cela est triste à mourir.[7]

---

1) **ils ne se changeront pas en bagues et en chaînes pour courir les boudoirs :** 이 대목은 그 당시 사람들 중에 사랑하는 여자의 머리카락으로서 팔찌를 만들어 가지고 다닌 것을 표시한 것임.
2) **il n'en manquera pas un seul sur ma tête lorsque le fer y passera :** 「쇠붙이(칼)가 내 머리 위에 지나가게 될 때(머리를 자를 때) 내 머리 위에서 한 올의 머리카락도 부족하지 않을 것이다(어떤 남자에게도 팔지를 만들게 머리카락을 주지 않았으니까)」.
3) **un coup de ciseau :** 「한 가위, 가위질 한 번」.
4) **mon epoux céleste :** 그리스도.
5) **lui :** 사제 (le prêtre)
6) **j'ai ma vie entière sur les lèvres :** avoir le mot sur les lèvres 「말이 입에서 맴돌다」. avoir la mort sur les lèvres. 「빈사상태에 있다」.
7) **tout cela est triste à mourir :** 「죽고 싶을 정도로 슬픈 일입니다」.

PERDICAN.

Pauvre enfant, je te laisse dire, et j'ai bien envie de te répondre un mot.[1] Tu me parles d'une religieuse qui me paraît avoir eu sur toi une influence funeste ; tu dis qu'elle a été trompée, qu'elle a trompé elle-même, et qu'elle est désespérée. Es-tu sûre que si son mari ou son amant revenait lui tendre la main à travers la grille du parloir, elle ne lui tendrait pas la sienne ?

CAMILLE.

Qu'est-ce que vous dites ? J'ai mal entendu.

PERDICAN.

Es-tu sûre que si son mari ou son amant revenait lui dire de souffrir encore,[2] elle répondrait non ?

CAMILLE.

Je le crois.

PERDICAN.

Il y a deux cents femmes dans ton monastère, et la plupart ont au fond du cœur des blessures profondes ; elles te les[3] ont fait toucher, et elles ont coloré ta pensée virginale des gouttes de leur sang. Elles ont vécu,[4] n'est-ce pas ? et elles t'ont montré avec horreur la route de leur vie ; tu t'es signée[5] devant leurs cicatrices, comme devant les plaies de Jésus ; elles t'ont fait une place dans leurs processions lugubres, et tu te serres contre ces corps décharnés[6] avec une crainte religieuse, lorsque

1) **j'ai bien envie de te répondre un mot :** avoir envie de+*inf.* 「…하고 싶은 생각이 내키다」.
2) **lui dire de souffrir encore :** 「그녀에게 더 괴로워하라고 말한다면(si)」.
3) **les**=des blessures profondes.
4) **Elles ont vécu :** 「그녀들은 생활하였다」.
5) **tu t'es signée :** tu as fait le signe de la croix.
6) **tu te serres contre ces corps décharnés :** 「너는 皮骨이 상접한 그녀들의 신체에 몸을 찰싹 붙이는 것이다」(lorsque=…할 때).

tu vois passer un homme. Es-tu sûre que si[1] l'homme qui passe était celui[2] qui les[3] a trompées, celui[2] pour qui elles pleurent et elles souffrent, celui[2] qu'elles maudissent en priant Dieu, es-tu sûre qu'en le voyant[4] elles ne briseraient pas leurs chaînes pour courir à leurs malheurs passés, et pour presser leurs poitrines sanglantes sur le poignard qui les[3] a meurtries ? O mon enfant ! sais-tu les rêves de ces femmes qui te disent de ne pas rêver ? Sais-tu quel nom elles murmurent quand les sanglots qui sortent de leurs lèvres font trembler l'hostie qu'on leur présente ? Elles qui s'assoient près de toi avec leurs têtes branlantes pour verser dans ton oreille leur vieillesse flétrie, elles qui sonnent dans les ruines de ta jeunesse le tocsin de leur désespoir, et qui font sentir à ton sang vermeil la fraîcheur de leur tombe,[5] sais-tu qui elles sont ?

CAMILLE.

Vous me faites peur ; la colère vous prend aussi.[6]

PERDICAN.

Sais-tu ce que c'est que ces nonnes,[7] malheureuse fille ? Elles qui[8] te représentent l'amour des hommes comme un mensonge, savent-elles qu'il y a pis encore,[9] le mensonge de l'amour divin ? Savent-elles que c'est un crime qu'elles font, de venir

---

1) **si :** que 이하의 글을 Es-tu sûre에 연결짓는다.
2) **celui :** l'homme qui passe에 걸리는 말. 「그녀들을 배반한, 울리고 괴롭힌, 하나님께 기도하며 저주케한 그 남자」.
3) **les**=elles.
4) **en le voyant :** le 「그 남자」.
5) **qui font sentir à ton sang vermeil la fraicheur de leur tombe :** 「그들의 무덤의 싸늘함을 너의 붉은 빛 핏줄에게 느끼게 해주는 그녀들(qui)」.
6) **la colère vous prend aussi :** 「당신도 역시 화내고 계시네요」.
7) **Sais-tu ce que c'est que ces nonnes ? :** 「너는 수녀들이 무엇인가를 아는가 ?」. que (qu'est-ce que)를 간접화법으로 고치면 ce que...로 된다.
8) **Elles qui :** qui 이하의 사실을 이러저러…하는 그녀들.
9) **qu'il y a pis encore :** 「더 나쁜 것이 있다는 것」.

chuchoter à une vierge des paroles de femme ? Ah ! comme[1] elles t'ont fait la leçon ! Comme j'avais prévu tout cela quand tu t'es arrêtée devant le portrait de notre vieille tante ! Tu voulais partir sans me serrer la main ; tu ne voulais revoir ni ce bois, ni cette pauvre petite fontaine qui nous regarde tout en larmes ; tu reniais les jours de ton enfance, et le masque de plâtre que les nonnes t'ont placé sur les joues me refusait un baiser de frère ; mais ton cœur a battu ; il[2] a oublié sa leçon, lui[3] qui ne sait pas lire, et tu es revenue t'asseoir sur l'herbe où nous voilà. Eh bien ! Camille, ces femmes ont bien parlé ; elles t'ont mise dans le vrai chemin ; il pourra m'en coûter le bonheur de ma vie ; mais dis-leur cela de ma part[4]: le ciel n'est pas pour elles.[5]

CAMILLE.

Ni pour moi, n'est-ce pas ?

PERDICAN.

Adieu, Camille, retourne à ton couvent, et lorsqu'on te fera de ces récits hideux qui t'ont empoisonnée, réponds ce que je vais te dire :[6] Tous les hommes sont menteurs, inconstants, faux, bavards, hypocrites, orgueilleux ou lâches, méprisables et sensuels ; toutes les femmes sont perfides, artificieuses, vaniteuses, curieuses et dépravées ; le monde n'est qu'un égout sans fond où les phoques les plus informes rampent et se tordent sur des montagnes de fange ; mais il y a au monde une

---

1) **comme :** 감탄사(간투사).
2) **il**=ton cœur.
3) **lui**=ton cœur.
4) **cela de ma part :** de ma part 「나로부터」.
5) 이 대사(Perdican의 이야기)에서 Perdican은 Camille에게 그녀가 수녀원에서 받은 교육을 굉장히 격하게 공격하고 있는데, 이것은 18세기 철학에서, 특히 Diderot의 철학에서 불어 넣어진 사상이다.
6) **je vais te dire :** aller+*inf*.

chose sainte et sublime, c'est l'union de deux de ces êtres si imparfaits et si affreux. On est souvent trompé en amour, souvent blessé et souvent malheureux ; mais on aime, et quand on est sur le bord de sa tombe, on se retourne pour regarder en arrière,[1] et on se dit :[2] J'ai souffert souvent, je me suis trompé quelquefois, mais j'ai aimé. C'est moi qui ai vécu, et non pas un être factice créé par[3] mon orgueil et mon ennui. (*Il sort.*)

---

1) **on se retourne pour regarder en arrière:** en arrière「걸어온 길, 과거」.
2) **on se dit:**「혼자 소리하다」.
3) **non pas un être factice crée par:**「…에 의해서(…이) 만들어진 하나의 꾸며낸 물건은 아니다」.

ACTE III

SCÈNE PREMIÈRE — *Entrent* LE BARON *et* MAITRE BLAZIUS.

Devant le château.

LE BARON.

Indépendamment de votre ivrognerie, vous êtes un belître, maître Blazius. Mes valets vous voient entrer furtivement dans l'office, et quand vous êtes convaincu d'avoir volé mes bouteilles de la manière la plus pitoyable, vous croyez vous justifier en accusant[1] ma nièce d'une correspondance secrète.

MAITRE BLAZIUS.

Mais, monseigneur, veuillez vous rappeler...[2]

LE BARON.

Sortez, monsieur l'abbé, et ne reparaissez jamais devant moi ;

1) **vous croyez vous justifier en accusant :** en accusant「비난함으로써」. *gérondif.*「비난함으로써 당신은 당신의 죄를 벗어난 것으로 믿고 있다」.

2) **veuillez vous rappeler :**「옛날을 돌이켜 생각해 주십시오」. veuillez : 공손하게 말하는 말투.

il est déraisonnable d'agir comme vous le faites, et ma gravité m'oblige à[1] ne vous pardonner de ma vie.[2] *(Il sort ; maître Blazius le suit. Entre Perdican.)*

PERDICAN.

Je voudrais bien savoir si je suis amoureux.[3] D'un côté,[4] cette manière d'interroger tant soit peu[5] cavalière, pour une fille de dix-huit ans ; d'un autre,[6] les idées que ces nonnes lui ont fourrées dans la tête auront de la peine à se corriger.[7] De plus,[8] elle doit partir aujourd'hui. Diable ! je l'aime, cela est sûr. Après tout,[9] qui sait ? peut-être elle répétait une leçon, et d'ailleurs il est clair qu'elle ne se soucie pas de moi. D'une autre part,[10] elle a beau être jolie,[11] cela n'empêche pas qu'elle n'ait des manières[12] beaucoup trop décidées, et un ton trop brusque. Je n'ai qu'à n'y plus penser ;[13] il est clair que je ne l'aime pas. Cela est certain qu'elle est jolie ; mais pourquoi cette conversation d'hier ne veut-elle pas me sortir de la tête ?[14] En vérité j'ai passé la nuit à radoter.[15] — Où vais-je donc ? — Ah ! je vais au village. *(Il sort.)*

---

1) **ma gravité m'oblige à :** obliger *qn* à *qch*[+*inf*] 「…에게…(할 것)을 강요하다」.
2) **de ma vie :** 「내가 살아있는 한」.
3) **Je voudrais bien savoir si je suis amoureux :** 「나는 내가 사랑을 하고 있는 것인지 알고 싶다」. si 는 je suis amoureux 를 질문하는 의문접속사.
4) **D'un côté :** 「한편으로는」.
5) **tant soit peu cavalière :** tant soit peu 「조금이라도, 다소라도, 다소」.
6) **d'un autre :** 「또 한편으로는」.
7) **auront de la peine à se corriger :** avoir de la peine à+*inf*. 「…하기 힘들다, 손쉽게…할 수가 없다」. 그러니까 「손쉽게 치료될 수 없으리라」.
8) **De plus :** 「그 위에, 게다가」.
9) **Après tout :** 「결국은」.
10) **D'une autre part :** 「또 다른 면으로 생각할 때」.
11) **elle a beau être jolie :** avoir beau+*inf*. 「아무리…한다해도 소용이 없다」.
12) **cela n'empêche pas qu'elle n'ait des manières... :** Cela n'empêche pas que (ne)+*sub*. 「그래도 역시…이다」.
13) **Je n'ai qu'à n'y plus penser :** 「더 이상 생각하지 않기로 하자」.
14) **mais pourquoi cette conversation d'hier ne veut-elle pas me sortir de la tête ? :** 「그러나 어째서 어제의 대화가 머리에서 떠나지 않는 것일까 ?」.
15) **j'ai passé la nuit à radoter :** 「나는 허튼소리로(허튼소리 하는 일로) 밤을 지새웠다」.

SCÈNE II

Un chemin.

Entre MAITRE BRIDAINE.

Que font-ils maintenant? Hélas! voilà midi. — Ils sont à table. Que mangent-ils? Que ne mangent-ils pas? J'ai vu la cuisinière traverser le village, avec un énorme dindon. L'aide portait les truffes, avec un panier de raisins. (*Entre maître Blazius.*)

MAITRE BLAZIUS.

Ô disgrâce imprévue! me voilà chassé du château, par conséquent de la salle à manger. Je ne boirai plus le vin de l'office.

MAITRE BRIDAINE.

Je ne verrai plus fumer les plats; je ne chaufferai plus au feu de la noble cheminée mon ventre copieux.

MAITRE BLAZIUS.

Pourquoi une fatale curiosité m'a-t-elle poussé à écouter le dialogue de dame Pluche et de la nièce? Pourquoi ai-je rapporté au baron tout ce que j'ai vu?

MAITRE BRIDAINE.

Pourquoi un vain orgueil m'a-t-il éloigné de ce dîner honorable, où j'étais si bien accueilli? Que m'importait d'être à droite ou à gauche?[1)]

MAITRE BLAZIUS.

Hélas! j'étais gris,[2)] il faut en convenir,[3)] lorsque j'ai fait

---

1) **Que m'importait d'être à droite ou à gauche?:** Qu'importe! 「상관없다」.
2) **j'étais gris:** 「나는 술에 취해 있었다」.
3) **il faut en convenir:** 「그것이 분명하였으리라, …하였음이 분명하다」.

cette folie.

MAITRE BRIDAINE.

Hélas ! le vin m'avait monté à la tête[1] quand j'ai commis cette imprudence.

MAITRE BLAZIUS.

Il me semble que voilà le curé.

MAITRE BRIDAINE.

C'est le gouverneur en personne.

MAITRE BLAZIUS.

Oh ! oh ! monsieur le curé, que faites-vous là ?

MAITRE BRIDAINE.

Moi ! je vais dîner. N'y venez-vous pas ?

MAITRE BLAZIUS.

Pas aujourd'hui. Hélas ! maître Bridaine, intercédez pour moi ; le baron m'a chassé. J'ai accusé faussement[2] mademoiselle Camille d'avoir une correspondance secrète, et cependant Dieu m'est témoin[3] que j'ai vu ou que j'ai cru voir[4] dame Pluche dans la luzerne. Je suis perdu,[5] monsieur le curé.

MAITRE BRIDAINE.

Que m'apprenez-vous là ?[6]

MAITRE BLAZIUS.

Hélas ! hélas ! la vérité. Je suis en disgrâce complète pour avoir volé une bouteille.

---

1) **le vin m'avait monté à la tête :** 「술이 머리에 올라와 있었던 것이다」.
2) **J'ai accusé faussement :** 「나는 사실무근의 비난을 하였다」.
3) **Dieu m'est témoin :** 「하느님께서 입증하시겠지만」.
4) **que j'ai vu ou que j'ai cru voir :** 「나는 보았읍니다, 아니면 본 것으로 믿었읍니다」.
5) **Je suis perdu :** 「나는 파멸입니다」.
6) **Que m'apprenez-vous là ? :** 「그게 무슨 말씀이오」.

MAITRE BRIDAINE.

Que parlez-vous, messire, de bouteilles volées à propos d'[1]une luzerne et d'une correspondance ?

MAITRE BLAZIUS.

Je vous supplie de plaider ma cause. Je suis honnête, seigneur Bridaine. Ô digne seigneur Bridaine,[2] je suis votre serviteur !

MAITRE BRIDAINE, *à part.*

Ô fortune! est-ce un rêve ? je serai donc assis sur toi, ô chaise bienheureuse !

MAITRE BLAZIUS.

Je vous serai reconnaissant d'écouter mon histoire, et de vouloir bien m'excuser, brave seigneur, cher curé.

MAITRE BRIDAINE.

Cela m'est impossible, monsieur ; il est midi sonné, et je m'en vais dîner. Si le baron se plaint de vous, c'est votre affaire.[3] Je n'intercède point pour un ivrogne. (*A part.*) Vite, volons à la grille ; et toi, mon ventre, arrondis-toi.[4] (*Il sort en courant.*)

MAITRE BLAZIUS, *seul.*

Misérable Pluche ![5] c'est toi qui payeras pour tous ;[6] oui, c'est toi qui es la cause de ma ruine, femme déhontée,[7] vile entremetteuse, c'est à toi que je dois cette disgrâce. Ô sainte

---

1) **à propos de :** 「…에 관하여, …에 대하여」.
2) **O digne seigneur Bridaine :** digne는 존칭을 더 돋구어 표시한 말.
3) **c'est votre affaire :** *Ex.* 「그것은 당신의 일이오」. C'est mon affaire et non la vôtre. 「그것은 내 일이지, 당신이 상관할 일이 아니다」.
4) **arrondis-toi :** 「둥글게되어 있어라」. 여기서는 싫것 먹을 준비를 하고 있으란 뜻.
5) **Misérable Pluche ! :** 여기서 사용한 misérable은 저주를 표시하는 용어.
6) **C'est toi qui payeras pour tous :** 「모든 일에 대한 보복을 해줄테다」.
7) **déhontée :** vieilli de éhontée.

Université de Paris ! on me traite d'ivrogne ! Je suis perdu si je ne saisis une lettre,[1] et si je ne prouve au baron que sa nièce a une correspondance. Je l'ai vue ce matin écrire à son bureau. Patience ! voici du nouveau.[2] (*Passe dame Pluche portant une lettre.*) Pluche, donnez-moi cette lettre.

DAME PLUCHE.

Que signifie cela ? C'est une lettre de ma maîtresse que je vais mettre à la poste au village.

MAITRE BLAZIUS.

Donnez-la-moi, ou vous êtes morte.

DAME PLUCHE.

Moi, morte ! morte ! Marie, Jésus, vierge et martyr !

MAITRE BLAZIUS.

Oui, morte, Pluche ! Donnez-moi ce papier. (*Ils se battent. Entre Perdican.*)

PERDICAN.

Qu'y a-t-il ?[3] Que faites-vous, Blazius ? Pour quoi violenter cette femme ?

DAME PLUCHE.

Rendez-moi la lettre. Il me l'[4]a prise, seigneur ; justice ![5]

MAITRE BLAZIUS.

C'est une entremetteuse, seigneur. Cette lettre est un billet doux.

---

1) **Je suis perdu si je ne saisis une lettre :** 「만약에 한 장의 편지를 잡아내지 못하면 나는 파멸이다」.
2) **du nouveau :** 「또 새로운 일이다」.
3) **Qu'y a-t-il ? :** 「무슨 일이오 ?, 무슨 일이 생겼오 ? 」.
4) **l'**=la lettre.
5) **justice ! :** 「가려주사이다 ! 」.

DAME PLUCHE.

C'est une lettre de Camille, seigneur, de votre fiancée.

MAITRE BLAZIUS.

C'est un billet doux à un gardeur de dindons.

DAME PLUCHE.

Tu en as menti, abbé. Apprends cela de moi.[1]

PERDICAN.

Donnez-moi cette lettre ; je ne comprends rien à votre dispute ; mais en qualité de[2] fiancé de Camille, je m'arroge le droit de la lire. (*Il lit.*) « A la sœur Louise, au couvent de*** » (*A part.*) Quelle maudite curiosité me saisit malgré moi ! Mon cœur bat avec force, et je ne sais ce que j'éprouve. — Retirez-vous, dame Pluche ; vous êtes une digne femme et maître Blazius est un sot. Allez dîner ; je me charge de[4] remettre cette lettre à la poste. (*Sortent maître Blazius et dame Pluche.*)

PERDICAN, *seul.*

Que ce soit un crime d'ouvrir une lettre,[5] je le sais trop bien pour le faire.[6] Que peut dire Camille à cette sœur ? Suis-je donc amoureux ? Quel empire a donc pris sur moi cette singulière fille, pour que les trois mots écrits sur cette adresse

1) **Apprends cela de moi :** 「내가 다 알고 있어요」. 앞의 Tu en a menti 「거짓말예요」에 이어지는 말.

2) **en qualité de :** 「…의 자격으로」.

3) **je m'arroge le droit de la lire :** 「나는 그 편지(la) 읽는 권한을 억지로라도 가로채겠다」. s'arroger 「(부당하게) 제것으로 삼다, 가로채다」.

4) **je me charge de :** se charger de 「…을 떠맡다, …을 책임지다」.

5) **Que ce soit un crime d'ouvrir une lettre :** 「편지를 뜯는다는 일은 죄가 된다(는 일)」.

6) **je le sais trop bien pour le faire :** 그것(d'ouvrir une lettre) 을 하기에는, 그것(ce soit un crime) 을 너무나 잘 안다」. 그러니까, 「너무나 잘 아는 일이어서 감히 못하겠다」는 소리.

me fassent trembler la main ?[1] Cela est singulier ; Blazius, en se débattant avec la dame Pluche, a fait sauter le cachet. Est-ce un crime de rompre le pli ? Bon, je n'y changerai rien.[2] (*Il ouvre la lettre et lit.*)

« Je pars aujourd'hui, ma chère, et tout est arrivé comme « je l'avais prévu. C'est une terrible chose ; mais ce pauvre « jeune homme a le poignard dans le cœur ;[3] il ne se conso- « lera pas de m'avoir perdue. Cependant j'ai fait tout au « monde pour le dégoûter de moi.[4] Dieu me pardonnera de « l'avoir réduit au désespoir par mon refus. Hélas ! ma chère, « que pouvais-je y[5] faire ? Priez pour moi ; nous nous rever- « rons demain, et pour toujours. Toute à vous du meilleur de « mon âme.[6]

« CAMILLE. »

Est-il possible ? Camille écrit cela ! C'est de moi qu'elle parle ainsi ! Moi au désespoir de son refus ! Eh ! bon Dieu ![7] si cela était vrai, on le verrait bien;[8] quelle honte peut-il y

---

1) **pour que les trois mots écrits sur cette adresse me fassent trembler la main?:** pour que…라는 접속사구에 이어졌기 때문에 faire 가 접속법동사변화한 글. pour que… 가 위의 글 Quel empire 이하에 걸려서 「…하게 하다니 !」가 된다.

2) **Bon, je n'y changerai rien :** 「좋아, 나는 아무것도 바꾸지 않으리라」. 여기서는 편지를 건드리지 않는다는 뜻이 아니라 이미 cachet 가 떨어져 있으니까 남이 열어 놓은 겉봉 그대로 볼 수 있다는 뜻이다.

3) **ce pauvre jeune homme a le poignard dans le cœur :** 「그 가련한 젊은이는 가슴에 비수(단도)를 맞고(꽂히고) 있읍니다」.

4) **Cependant j'ai fait tout au monde pour le dégoûter de moi :** 「그러나 나에게 대해서 혐오를 지니게 최선을 다했읍니다」.

5) **y**=(l'avoir réduit) au désespoir.

6) **Toute à vous du meilleur de mon âme :** 이것은 편지의 末尾에 쓰는 형식의 일종. 프랑스語 편지는 시초에는 곧장 사연을 이야기하고 끝에 격식어를 써서 막는 것이 그 형식이다. 여기 이 글도 그런 것 중의 하나.

7) **Eh ! bon Dieu ! :** 일종의 간투사.

8) **on le verrait bien :** 「(이제) 잘 알게 되리라」.

9) **quelle honte peut-il y avoir à aimer ? :** 「사랑한다는 일에 무슨 부끄러움이 있을 수 있겠는가 ?」.

avoir à aimer ?[9] Elle a fait tout au monde pour me dégoûter,[1] dit-elle, et j'ai le poignard dans le cœur ? Quel intérêt peut-elle avoir à inventer un roman pareil ?[2] Cette pensée que j'avais cette nuit est-elle donc vraie ?[3] Ô femmes ! Cette pauvre Camille a peut-être une grande piété ! c'est de bon cœur qu'elle se donne à Dieu,[4] mais elle a résolu et décrété qu'elle me laisserait au désespoir. Cela était convenu[5] entre les bonnes amies avant de partir du couvent. On a décidé[6] que Camille allait revoir son cousin, qu'on voudrait le lui faire épouser,[7] qu'elle refuserait, et que le cousin serait désolé. Cela est si intéressant, une jeune fille qui fait à Dieu le sacrifice du bonheur d'un cousin ! Non, non, Camille, je ne t'aime pas, je ne suis pas au désespoir, je n'ai pas le poignard dans le cœur, et je te le[8] prouverai. Oui, tu sauras que j'en aime une autre avant de partir d'ici. Holà ! brave homme ![9] (*Entre un paysan.*) Allez au château ; dites à la cuisine qu'on envoie un valet porter à mademoiselle Camille le billet que voici. (*Il écrit.*)

LE PAYSAN.

Oui, monseigneur. (*Il sort.*)

---

1) **Elle a fait tout au monde pour me dégoûter :** au monde 는 tout, rien, aucun 따위의 뜻을 강조. faire tout au monde pour+*inf.* 「…하기 위해서 무슨 일이건 하다」.
2) **Quel intérêt peut-elle avoir à inventer un roman pareil ? :** Quel 은 간투사가 아니라 의문사. 「그와 같은 小說을 발명해내는 일이 대체 무엇이 재미있단 말인가 ?」.
3) **Cette pensée que j'avais cette nuit est-elle donc vraie ?** 「간밤에 내가 지녔던 생각은, 그렇다면, 그것은 사실이었는가 ?」.
4) **c'est de bon cœur qu'elle se donne à Dieu :** 「그녀가 자기를 神에게 바치는 일은 진심으로서의 소원이다」. de bon cœur 「기꺼이, 진심으로, 제가 좋아서」.
5) **Cela était convenu :** 「그것은 합의사항이었었다」.
6) **On a décidé que..., que..., que..., que...:** que 이하의 일을 결정한다 (미리 정해놓았다는 이야기).
7) **on voudrait le lui faire épouser :** 「그를 그녀에게 장가들이게 하도록 원하여져 있다, 그녀는 그 사촌에게 시집오도록 바래지고 있다」.
8) **le**=je ne t'aime pas, …… 등등의 일.
9) **Holà ! brave homme ! :** 「여보게 ! 거기 그 사람 !」. 부르는 말.

PERDICAN.

Maintenant, à l'autre.[1] Ah ! je suis au désespoir ! Holà ! Rosette, Rosette ! (*Il frappe à une porte.*)

ROSETTE, *ouvrant.*

C'est vous, monseigneur ! Entrez, ma mère y est.

PERDICAN.

Mets ton plus beau bonnet, Rosette, et viens avec moi.

ROSETTE.

Où donc ?

PERDICAN.

Je te le dirai ; demande la permission à ta mère, mais dépêche-toi.

ROSETTE.

Oui, monseigneur. (*Elle entre dans la maison.*)

PERDICAN.

J'ai demandé un nouveau rendez-vous à Camille, et je suis sûr qu'elle y viendra ; mais, par le ciel,[2] elle n'y trouvera pas ce qu'elle compte y trouver. Je veux faire la cour[3] à Rosette devant Camille elle-même.

SCÈNE III. — *Entrent* CAMILLE *et* LE PAYSAN.

Le petit bois.

LE PAYSAN

Mademoiselle, je vais au château porter une lettre pour vous ; faut-il que je vous la donne ou que je la remette à la

1) **Maintenant, à l'autre. :** 「이번에는 또 한 사람에게로 (가야지)」.
2) **par le ciel :** 「하늘에 걸고 (맹세하지만)」.
3) **faire la cour :** 「문안을 드리다, 여자에게 사랑의 설득을 하다」.

cuisine, comme me l'a dit le seigneur Perdican ?[1]

CAMILLE.

Donne-la-moi.

LE PAYSAN

Si vous aimez mieux que je la porte au château, ce n'est pas la peine[2] de m'attarder ?

CAMILLE.

Je te dis de me la donner.

LE PAYSAN

Ce qui vous plaira.[3] (*Il donne la lettre.*)

CAMILLE.

Tiens, voilà pour ta peine.[4]

LE PAYSAN

Grand merci ; je m'en vais,[5] n'est-ce pas ?

CAMILLE.

Si tu veux.[6]

LE PAYSAN

Je m'en vais, je m'en vais. (*Il sort.*)

CAMILLE. *lisant.*

Perdican me demande de lui[7] dire adieu, avant de partir,

---

1) **comme me l'a dit le seigneur Perdican ?** : 「삐르디깡 도련님이 하라고 말씀하신대로」.

2) **Ce n'est pas la peine** : 「그럴 필요 없다, 걱정 마시오」. *Ex.* C'est la peine de+*inf.* 〔que+*sub*〕 「…할 필요가 있다」. (부정문 또는 의문문에 쓰인다). Ce n'est pas la peine de me le répéter. 「그것을 나에게 거듭 말할 필요는 없다」.

3) **Ce qui vous plaira** : 「좋으실대로 하십시오」. *cf.* Comme vous voudrez. 「마음대로 하세요, 당신 좋으실대로 하세요」.

4) **voilà pour ta peine** : 「여기 수고 값이 있어요」. *cf.* pourboire 「팁」.

5) **je m'en vais** : s'en aller 「가다, 사라지다」의 뜻이나, 여기서는 의향을 물어보는 말.

6) **Si tu veux** : *cf.* Si vous voulez.

7) **lui**=Camille.

près de la petite fontaine où je l'[1]ai fait venir hier. Que peut-il avoir à me dire ? Voilà justement la fontaine, et je suis toute portée.[2] Dois-je accorder ce second rendez-vous ? Ah ! (*Elle se cache derrière un arbre.*) Voilà Perdican qui approche avec Rosette, ma sœur de lait. Je suppose qu'il va la quitter ; je suis bien aise de ne pas avoir l'air d'arriver la première.[3] (*Entrent Perdican et Rosette qui s'assoient.*)

CAMILLE, *cachée, à part.*

Que veut dire cela ?[4] Il la fait asseoir près de lui ?[5] Me demande-t-il un rendez-vous pour y venir causer avec une autre ? Je suis curieuse de savoir ce qu'il lui dit.[6]

PERDICAN, *à haute voix, de manière que Camille l'*[7]*entende.*

Je t'aime, Rosette ! toi seule au monde tu n'as rien oublié de nos beaux jours passés ;[8] toi seule tu te souviens de la vie qui n'est plus ; prends ta part de ma vie nouvelle ;[9] donne-moi ton cœur, chère enfant ; voilà le gage de notre amour. (*Il lui pose sa chaîne sur le cou.*)[10]

ROSETTE.

Vous me donnez votre chaîne d'or ?

PERDICAN.

Regarde à présent[11] cette bague. Lève-toi, et approchons-nous

---

1) **l'**=Perdican.
2) **toute portée**=arrivée.
3) **l'air d'arriver la première :** 「먼저 와 있었던 것 같은 표정」.
4) **Que veut dire cela ? :** 「무엇일까?, 저것은 무엇을 뜻하는 것일까?」.
5) **Il la fait asseoir près de lui ? :** la=Rosette. lui=Perdican.
6) **ce qu'il lui dit :** lui=Rosette.
7) *l'*=haute voix.
8) Il n'en est pas de même de Camille, qui semble avoir tout oublié (voir acte Ier, scène Ⅲ).
9) **prends ta part de ma vie nouvelle :** prendre *qn* à part 「…만을 따로 부르다」.
10) ***Il lui pose sa chaîne sur le cou :*** lui 는 간접목적보어가 되고 그 간접보어가 된 사람의 신체부분인 le cou 는 직접목적보어로서 정관사를 둔다.
11) **à présent :** 「이번에는」.

de cette fontaine. Nous vois-tu tous les deux, dans la source, appuyés l'un sur l'autre ?[1] Vois-tu tes beaux yeux près des miens,[2] ta main dans la mienne ? Regarde tout cela s'effacer. (*Il jette sa bague dans l'eau.*) Regarde comme notre image a disparu ; la voilà qui revient peu à peu ;[3] l'eau qui s'était troublée reprend son équilibre ; elle tremble encore ;[4] de grands cercles noirs courent à sa surface ; patience, nous reparaissons ; déjà je distingue de nouveau[5] tes bras enlacés dans les miens ; encore une minute, et il n'y aura plus une ride sur ton joli visage ; regarde ! c'était une bague que m'avait donnée Camille.

CAMILLE, *à part.*

Il a jeté ma bague dans l'eau !

PERDICAN.

Sais-tu ce que c'est que l'amour, Rosette ? Écoute ! le vent se tait; la pluie du matin roule en perles[6] sur les feuilles séchées que le soleil ranime. Par la lumière du ciel, par le soleil que voilà,[7] je t'aime ! Tu veux bien de moi, n'est-ce pas ? On n'a pas flétri ta jeunesse? on n'a pas infiltré dans ton sang vermeil les restes d'un sang affadi ? Tu ne veux pas te faire religieuse ; te voilà jeune et belle dans les bras d'un jeune homme. O Rosette, Rosette ! sais-tu ce que c'est que l'amour ?[8]

ROSETTE.

Hélas ! monsieur le docteur, je vous aimerai comme je

1) **appuyés l'un sur l'autre ? :** 「서로가 기대서서」.
2) **près des miens :** près de les miens.
3) **peu à peu :** 「차츰차츰」.
4) **encore :** 여기서는 「다시」가 아니라 「아직」.
5) **de nouveau :** 「다시」.
6) **roule en perles :** 「진주처럼 구르고 있다」.
7) **Par la lumière du ciel, par le soleil que voilà :** 「하늘의 광명에 걸어서, 저기 있는 저 태양에 걸어서」.
8) 이상의 Perdican의 대사는 Rosette에게 하는 이야기지만, 사실상으로는 Camille에게 들려주는 이야기이다. 그 다음에 계속되는 Perdican의 대사도 마찬가지다.

pourrai.

PERDICAN.

Oui, comme tu pourras ; et tu m'aimeras mieux, tout docteur que je suis et toute paysanne que tu es,[1] que ces pâles statues fabriquées par les nonnes, qui ont la tête à la place du cœur,[2] et qui sortent des cloîtres pour venir répandre dans la vie[3] l'atmosphère humide de leurs cellules ;[4] tu ne sais rien ; tu ne lirais pas dans un livre la prière que ta mère t'apprend, comme elle l'a apprise de sa mère ;[5] tu ne comprends même pas le sens des paroles que tu répètes, quand tu t'agenouilles au pied de ton lit ; mais tu comprends bien que tu pries,[6] et c'est tout ce qu'il faut à Dieu ![7]

ROSETTE.

Comme vous me parlez, monseigneur ![8]

PERDICAN.

Tu ne sais pas lire ; mais tu sais ce que disent ces bois et ces prairies, ces tièdes rivières, ces beaux champs couverts de moissons, toute cette nature splendide de jeunesse. Tu reconnais

---

1) **tout docteur que je suis et toute paysanne que tu es :** tout 와 toute 는 각기 docteur 와 paysanne 를 강조하는 말.
2) **qui ont la tête à la place du cœur :** 「심장이 있어야 할 자리에 머리를 가진」.
3) **dans la vie :** 「인생 안에, 인간사회 안에」.
4) **tu m'aimeras mieux, ..., que ces pâles statues..., qui..., et qui... leurs cellules :** 이 글은 mieux...que 로 묶여지는 비교급의 문장. 「즉 너는 les statues 보다 더 잘 나를 사랑해 주리라」는 글. 그런데 그 statues 는 qui 이하의 형용사로 표현된 彫像들.
5) **comme elle l'a apprise de sa mère :** 「마치 어머니(elle)가 그 어머니(sa mère)로부터 그것(l'=la prière)을 배웠던 것처럼」.
6) **mais tu comprends bien que tu pries :** 「그러나 너는 네가 prier 하는 일(기도하는 일)은 잘 안다」.
7) **c'est tout ce qu'il faut à Dieu ! :** 「하느님께...그것 만으로 충분하다」. *cf.* Musset 는 마치 Rousseau 의 Emile 속에서 Savoie 의 보좌신부가 제시한 바와 같이, 여기서 Perdican 으로 하여금 自然信仰의 信奉者로서 이야기하고 있다.
8) **Comme vous me parlez :** 「어쩌면 정말로 당신은(도련님은) 그렇게 말씀을 잘 하시나요」. comme 는 간투사의 comme. 여기서 Rosette 는 Perdican 의 심중을 모르기 때문에 Perdican 의 흥분에 영문을 모르고 있다. 그래서 이와 같은 대사가 나온 것이다.

tous ces milliers de frères,[1] et moi pour l'un d'entre eux ;[2] lève-toi, tu seras ma femme, et nous prendrons racine ensemble dans la sève du monde tout-puissant.[3] (*Il sort avec Rosette.*)

SCÈNE IV

Entre LE CHŒUR.

Il se passe[4] assurément quelque chose d'étrange au château ; Camille a refusé d'épouser Perdican ; elle doit retourner aujourd'hui au couvent dont elle est venue. Mais je crois que[5] le seigneur son cousin s'est consolé avec[6] Rosette. Hélas ! la pauvre fille[7] ne sait pas quel danger elle court en écoutant les discours d'un jeune et galant seigneur.

DAME PLUCHE, *entrant.*

Vite, vite, qu'on selle mon âne ![8]

LE CHŒUR.

Passerez-vous comme un songe léger,[9] ô vénérable dame? Allez-vous si promptement enfourcher derechef cette pauvre bête qui est si triste de vous porter?

---

1) **tous ces milliers de frères :** 바로 위에서 列擧한 수 많은 自然의 森羅萬象을 지적한 것.
2) **et moi pour l'un d'entre eux :** et moi=Tu connais moi. eux=tous ces milliers de frères.
3) **nous prendrons racine ensemble dans la sève du monde tout-puissant :** nous prendrons racine ensemble「우리는 함께 뿌리를 박자」. dans la sève du monde tout-puissant「全能의 세계의 精氣 속에」. *cf.* 이 대사, 그러니까 위부터의 Perdican의 대사는 Musset가 1835年에 George Sand에게 보낸 편지 속에서 표현한 감정의 토로와 비슷한 것이 있다.
4) **se passe :**「생기다」.
5) **je crois que :**「que 이하인 듯 싶다」.
6) **s'est consolé avec :**「…로서 위로받다」.
7) **la pauvre fille :** 이 글의 pauvre는 별다른 본래의 뜻을 지니지 않는다.
8) **qu'on selle mon âne ! :** 소망을 표시하는 말.「내 나귀에 안장을 달아라 !」.
9) **Passerez-vous comme un songe léger ? :**「잠시 동안의 꿈과 같이 어느새 가시렵니까 ?」.

DAME PLUCHE.

Dieu merci,[1] chère canaille, je ne mourrai pas ici.

LE CHŒUR.

Mourez au loin, Pluche, ma mie ; mourez inconnue dans un caveau malsain. Nous ferons des vœux[2] pour votre respectable résurrection.

DAME PLUCHE.

Voici ma maîtresse qui s'avance. (*A Camille qui entre.*) Chère Camille, tout est prêt pour notre départ ; le baron a renduses comptes, et mon âne est bâté.

CAMILLE.

Allez au diable, vous et votre âne, je ne partirai pas aujourd'hui. (*Elle sort.*)

LE CHŒUR.

Que veut dire ceci ?[3] Dame Pluche est pâle de terreur ; ses faux cheveux tentent de se hérisser, sa poitrine siffle avec force et ses doigts s'allongent en se crispant.[4]

DAME PLUCHE.

Seigneur Jésus! Camille a juré ! (*Elle sort.*)

SCÈNE V. — *Entrent* LE BARON *et* MAITRE BRIDAINE.

MAITRE BRIDAINE.

Seigneur, il faut que je vous parle en particulier. Votre fils fait la cour à une fille du village.

LE BARON.

C'est absurde, mon ami.

---

1) **Dieu merci :** 「하느님 덕분에」.
2) **Nous ferons des vœux :** vœu 「誓願, 기원」.
3) **Que veut dire ceci ? :** 「이것은 또 어찌된 연유일까 ?」.
4) **en se crispant :** 「경련으로」.

MAITRE BRIDAINE.

Je l'[1]ai vu distinctement passer dans la bruyère en lui[2] donnant le bras ; il se penchait à son oreille et lui[2] promettait de l'épouser.

LE BARON.

Cela est monstrueux.

MAITRE BRIDAINE.

Soyez-en convaincu ;[3] il lui[4] a fait un présent considérable,[5] que la petite[6] a montré à sa mère.

LE BARON.

O ciel ! considérable, Bridaine ? En quoi considérable ?[7]

MAITRE BRIDAINE.

Pour le poids et pour la conséquence. C'est la chaîne d'or qu'il portait à son bonnet.

LE BARON.

Passons dans mon cabinet ; je ne sais à quoi m'en tenir.[8] (*Ils sortent.*)

SCÈNE VI. — *Entrent* CAMILLE *et* DAME PLUCHE.

La chambre de Camille.

CAMILLE.

Il a pris ma lettre, dites-vous ?

---

1) **l'**=votre fils.
2) **lui**=à une fille du village.
3) **Soyez-en convaincu :** 「진정입니다, 정말입니다」.
4) **lui**=à la fille du village.
5) **un présent considérable :** 「엄청난 선물」.
6) **la petite**=la fille.
7) **En quoi considérable ? :** 「무엇이 엄청난가 ?」.
8) **je ne sais à quoi m'en tenir :** 「어떻게 생각해야 될지 모르겠다」.

DAME PLUCHE.

Oui, mon enfant ; il s'est chargé de[1] la[2] mettre à la poste.

CAMILLE.

Allez au salon, dame Pluche, et faites-moi le plaisir de dire à Perdican[3] que je l'attends ici. (*Dame Pluche sort.*) Il a lu ma lettre, cela est certain ; sa scène du bois[4] est une vengeance, comme son amour pour Rosette.[5] Il a voulu me prouver qu'il en[6] aimait une autre que moi, et jouer l'indifférent malgré son dépit. Est-ce qu'il m'aimerait, par hasard ?[7] (*Elle lève la tapisserie.*) Es-tu là, Rosette ?

ROSETTE, *entrant*.

Oui ; puis-je entrer ?

CAMILLE.

Écoute-moi, mon enfant ; le seigneur Perdican ne te fait-il pas la cour ?

ROSETTE.

Hélas ! oui.[8]

CAMILLE.

Que penses-tu de ce qu'il t'a dit ce matin ?

ROSETTE.

Ce matin ? Où donc ?

---

1) **il s'est chargé de :** se charger de 「떠맡다, 책임지다」.
2) **la**=la lettre
3) **faites-moi le plaisir de dire à Perdican :** 「뻬르디깡에게 말해주시오. (que 이하의 일을)」.
4) **sa scène du bois :** 「그 숲 속에서의 그의 연극」.
5) **comme son amour pour Rosette :** 「로젯트에게 대한 사랑도 그와 같은 것이야」.
6) **en**=une autre.
7) **par hasard :** 「어쩌면」.
8) **Hélas ! oui. :** 「예, 곤난합니다」. 어색한 심정을 표시한 것.

CAMILLE.

Ne fais pas l'hypocrite.[1] — Ce matin à la fontaine, dans le petit bois.

ROSETTE.

Vous m'avez donc vue ?[2]

CAMILLE.

Pauvre innocente ! Non, je ne t'ai pas vue. Il t'a fait de beaux discours, n'est-ce pas ? Gageons qu'il t'a promis de t'épouser.

ROSETTE.

Comment le savez-vous ?

CAMILLE.

Qu'importe comment[3] je le sais ? Crois-tu à ses promesses, Rosette ?

ROSETTE.

Comment n'y croirais-je pas ?[4] il me tromperait donc ? Pourquoi faire ?[5]

CAMILLE.

Perdican ne t'épousera pas, mon enfant.

ROSETTE.

Hélas ! je n'en sais rien.[6]

---

1) **Ne fais pas l'hypocrite :** 「시치미떼지 마라」.
2) **Vous m'avez donc vue ? :** vue 는 voir 의 과거분사 여성형. 목적어 me 가 Rosette(여성) 이기 때문, 다음 줄의 je ne t'ai pas vue 의 vue 도 마찬가지로 te 가 Rosette 다.
3) **Qu'importe comment :** N'importe. 「상관없다」. Qu'importe ! 「상관없다」. *cf.* n'importe comment 〔où, quand〕: 「어떻게든지, 〔어디서든지, 언제든지〕」.
4) **Comment n'y croirais-je pas ? :** 「어떻게 신용하지 않겠읍니까 ?」.
5) **Pourquoi faire ? :** 「무엇 때문에」. 주어가 명확할 때는 의문사와 동사를 직접 주어 없이 연결시킨다.
6) **je n'en sais rien :** 「나는 도무지 모르겠어요」. en 은 中性대명사로 그 경위 상항.

CAMILLE.

Tu l'[1]aimes, pauvre fille ; il ne t'épousera pas, et la preuve, je vais te la[2] donner ; rentre derrière ce rideau, tu n'auras qu'à prêter l'oreille[3] et à venir quand je t'appellerai.[4] (*Rosette sort.*)

CAMILLE, *seule.*

Moi qui croyais faire un acte de vengeance, ferais-je un acte d'humanité ?[5] La pauvre fille a le cœur pris.[6] (*Entre Perdican.*) Bonjour, cousin, asseyez-vous.

PERDICAN.

Quelle toilette, Camille ! A qui en[7] voulez-vous ?

CAMILLE.

A vous, peut-être ; je suis fâchée de n'avoir pu me rendre au rendez-vous que vous m'avez demandé ; vous aviez quelque chose à me dire ?

PERDICAN, *à part.*

Voilà, sur ma vie,[8] un petit mensonge assez gros pour un agneau sans tache ;[9] je l'ai vue derrière un arbre écouter la conversation. (*Haut.*) Je n'ai rien à vous dire qu'un adieu, Camille ; je croyais que vous partiez ; cependant votre cheval est à l'écurie, et vous n'avez pas l'air d'être en robe de voyage.

---

1) **l'**=Perdican.
2) **la**=la preuve
3) **tu n'auras qu'à prêter l'oreille**: 「너는 귀만 기울이고 있으면 된다」.
4) **à venir quand je t'appellerai**: 「내가 너를 부를 때 나오너라」.
5) **ferais-je un acte d'humanité?**: 「좋은 일을 해주는 것일까?」.
6) **a le cœur pris**: 「마음이 잡혀 있다, 정신을 빼앗기고 있다」.
7) **en**=toilette.
8) **sur ma vie**: 「목숨을 걸고」. 그러나 여기서는 목숨을 걸고라는 뜻보다는 강조의 뜻으로 사용된 것.
9) **assez gros pour un agneau sans tache**: 「때묻지 않은 羊치고는 너무나 크다 (거짓말이)」.

CAMILLE.

J'aime la discussion ; je ne suis pas bien sûre de ne pas avoir eu envie de[1] me quereller encore avec vous.

PERDICAN.

A quoi sert de[2] se quereller, quand le raccommodement est impossible ? Le plaisir des disputes, c'est de faire la paix.[3]

CAMILLE.

Êtes-vous convaincu que je ne veuille pas la[4] faire ?

PERDICAN.

Ne raillez pas ; je ne suis pas de force à vous répondre.

CAMILLE.

Je voudrais qu'on me fît la cour ;[5] je ne sais si c'est que j'ai une robe neuve,[6] mais j'ai envie de m'amuser.[7] Vous m'avez proposé d'aller au village, allons-y, je veux bien ; mettons-nous en bateau ; j'ai envie d'aller dîner sur l'herbe, ou de faire une promenade dans la forêt. Fera-t-il clair de lune, ce soir ? Cela est singulier,[8] vous n'avez pas au doigt la bague que je vous ai donnée ?

PERDICAN.

Je l'ai perdue.

CAMILLE.

C'est pour cela que je l'ai trouvée ;[9] tenez, Perdican, la

---

1) **avoir eu envie de:** avoir envie de *qch.* 「…을 탐내다, …을 원하다」.
2) **A quoi sert de:** A quoi sert de+*inf.* 「…해도 무슨 소용이 있는가?」.
3) **c'est de faire la paix:** 「그것은 화해하는데 있다」.
4) **la**=la paix.
5) **Je voudrais qu'on me fît la cour:** 주문의 동사 vouloir 가 조건법으로 나와 있기 때문에 그 보충문 속에서 상관관계에 의해 faire 가 접속법 반과거동사로 되었다.
6) **je ne sais si c'est que j'ai une robe neuve:** 「새옷을 입은 탓인지는 몰라도」.
7) **j'ai envie de m'amuser:** 「나, 재미 좀 보고 싶어요」.
8) **Cela est singulier:** 「이상하네요」. 다음에 오는 말과 관련지은 말.
9) **C'est pour cela que je l'ai trouvée:** 「je l'ai trouvé 한 것이 그런 연유였군요」→「그래서(당신이 잃었기 때문에) 내가 그것을 발견했었군요(주었군요)」.

voilà.

PERDICAN.

Est-ce possible ? Où l'avez-vous trouvée ?

CAMILLE.

Vous regardez si mes mains sont mouillées, n'est-ce pas ? En vérité, j'ai gâté ma robe de couvent pour retirer ce petit hochet d'enfant de la fontaine. Voilà pourquoi j'en ai mis une autre,[1] et, je vous dis, cela m'a changée ;[2] mettez donc cela à votre doigt.

PERDICAN.

Tu[3] as retiré cette bague de l'eau, Camille, au risque de te précipiter ?[4] Est-ce un songe ? La voilà ;[5] c'est toi qui me la mets au doigt ! Ah ! Camille, pourquoi me le rends-tu,[6] ce triste gage d'un bonheur qui n'est plus ? Parle, coquette et imprudente fille, pourquoi pars-tu ? pourquoi restes-tu ? Pourquoi, d'une heure à l'autre,[7] changes-tu d'apparence et de couleur, comme la pierre de cette bague à chaque rayon du soleil ?

CAMILLE.

Connaissez-vous le cœur des femmes, Perdican ? Êtes-vous sûr de leur inconstance, et savez-vous si elles changent réelle-

---

1) **Voilà pourquoi j'en ai mis une autre :** en=robe neuve. autre=autre robe.
2) **cela m'a changée :** 「그래서, 내가 (人間이) 바뀌었단 말이죠」.
3) **Tu :** 지금까지 vous 로 부르다가 tu 로 부르는 Perdican 의 감정의 변화가 주목할 만하다.
4) **au risque de te précipiter :** au risque de+*inf.* 「…할 위험을 무릅쓰고」. *Ex.* Je vous fais cette remarque, au risque de vous déplaire. 「당신을 불쾌하게 할지도 모르지만(그것을 무릅쓰고) 당신에게 주의한다」.
5) **La voilà :** 「여기 반지가 있다」. La=la bague.
6) **pourquoi me le rends-tu ? :** le 는 中性代名詞로 「그것」. 여기서는 뒤에 이어지는 ce triste gage d'un bonheur qui n'est plus 가 된다.
7) **Pourquoi, d'une heure à l'autre :** 뒤에 이어지는 changes-tu 와 관련해서 「어째서 한 시간도 못되어서」 변하느냐는 말.

ment de pensée en changeant quelquefois de langage ?[1] Il y en a qui disent que non.[2] Sans doute, il nous faut souvent jouer un rôle, souvent mentir ; vous voyez que je suis franche ; mais êtes-vous sûr que tout mente dans une femme, lorsque sa langue ment ?[3] Avez-vous bien réfléchi à la nature de cet être faible et violent, à la rigueur avec laquelle on le juge, aux principes qu'on lui impose ?[4] Et qui sait si,[5] forcée à tromper par le monde,[6] la tête de ce petit être sans cervelle ne peut pas y prendre plaisir, et mentir quelquefois par passe-temps,[7] par folie,[8] comme elle ment par nécessité ?[9]

PERDICAN.

Je n'entends[10] rien à tout cela, et je ne mens jamais. Je t'aime, Camille, voilà tout ce que je sais.

CAMILLE.

Vous dites que vous m'aimez, et vous ne mentez jamais ?

PERDICAN.

Jamais.

---

1) **et savez-vous si elles changent réellement de pensée en changeant quelquesfois de langage ?** : 이 글은 전체 의문을 받는 접속사 si (…인지 아닌지)에 의해서 savez-vous 에 걸리는 글. 즉「당신은 여자가 때때로 말을 바꿀 때, 그 생각도 정말로 바꾸는 것인지 아닌지 아는가?」라는 소리.
2) **Il y en a qui disent que non** :「qui disent que non (아니라고 말하는 사람)도 있다」. *cf.* Il y en a trois.「셋 있다」.
3) **êtes-vous sûr que tout mente dans une femme, lorsque sa langue ment ?** :「여자의 혀가 거짓을 말할 때, 여자의 전부가 거짓을 말한다고 믿습니까?」. que tout mente 하고 mentir 의 접속법 동사가 쓰인 점 주의할 일.
4) **Avez-vous bien réfléchi à la nature de cet être faible et violent, à la rigueur avec laquelle on le juge, aux principes qu'on lui impose ?** : 이 글은 avez-vous bien réfléchi에 à…, à…, aux…? 3항목이 걸리는 글이다.
5) **Et qui sait si,** :「si 이하의 일을 그런지 아닌지 누가 알겠는가?」.
6) **forcée à tromper par le monde** :「세상으로부터 거짓말을 하게끔 강요되어」.
7) **par passe-temps** :「심심풀이로, 시간보내기로」.
8) **par folie** :「주책없는 생각으로, 愚行으로」.
9) **par nécessité** :「필요에 의해서」.
10) **Je n'entends** : entendre 는 comprendre 의 뜻.

CAMILLE.

En voilà une qui dit pourtant que cela vous arrive quelquefois.[1] (*Elle lève la tapisserie ; Rosette paraît dans le fond, évanouie sur une chaise.*) Que répondrez-vous à cette enfant, Perdican, lorsqu'elle vous demandera compte de vos paroles ?[2] Si vous ne mentez jamais, d'où vient donc qu'elle s'est évanouie en vous entendant me dire que vous m'aimez ? Je vous laisse avec elle ; tâchez de la faire revenir. (*Elle veut sortir.*)

PERDICAN.

Un instant, Camille, écoutez-moi.

CAMILLE.

Que voulez-vous me dire ? c'est à Rosette qu'il faut parler. Je ne vous aime pas, moi ; je n'ai pas été chercher par dépit[3] cette malheureuse enfant au fond de sa chaumière, pour en faire un appât, un jouet ; je n'ai pas répété imprudemment devant elle des paroles brûlantes adressées à une autre;[4] je n'ai pas feint de jeter au vent pour elle le souvenir d'une amitié chérie ; je ne lui ai pas mis ma chaîne au cou ; je ne lui ai pas dit que je l'épouserais.

PERDICAN.

Écoutez-moi, écoutez-moi !

CAMILLE.

N'as-tu pas souri tout à l'heure quand je t'ai dit que je n'avais pu aller à la fontaine ? Eh bien ! oui, j'y étais, et j'ai

---

1) **En voilà une qui dit pourtant que cela vous arrive quelquefois :**「그렇지만 que 이하 이야기를 말하는 사람이 한 사람 여기 있읍니다」. 거짓말도 종종한다고 하는…의 뜻.

2) **lorsqu'elle vous demandera compte de vos paroles ? :**「그녀가 당신에게 당신의 말씀의 계산을 요구할 때」.

3) **par dépit :**「홧김에」.

4) **adressées à une autre :**「남에게 보내진」.

tout entendu ; mais, Dieu m'en est témoin, je ne voudrais pas y avoir parlé comme toi.[1] Que feras-tu de cette fille-là, maintenant, quand elle viendra, avec tes baisers ardents sur les lèvres, te montrer en pleurant la blessure que tu lui as faite ? Tu as voulu te venger de moi, n'est-ce pas, et me punir d'une lettre écrite à mon couvent ? Tu as voulu me lancer à tout prix quelque trait qui pût m'atteindre,[2] et tu comptais pour rien que ta flèche empoisonnée traversât cette enfant, pourvu qu'elle me frappât derrière elle.[3] Je m'étais vantée de t'avoir inspiré quelque amour, de te laisser quelque regret. Cela t'a blessé dans ton noble orgueil ? Eh bien ! apprends-le de moi, tu m'aimes, entends-tu ; mais tu épouseras cette fille, ou tu n'es qu'un lâche ![4]

PERDICAN.

Oui, je l'épouserai.

CAMILLE.

Et tu feras bien.

PERDICAN.

Très bien, et beaucoup mieux qu'[5]en t'épousant toi-même. Qu'y a-t-il,[6] Camille, qui t'échauffe si fort ?[7] Cette enfant s'est évanouie ; nous la ferons bien revenir, il ne faut pour cela qu'un flacon de vinaigre ; tu as voulu me prouver que j'avais

---

1) **je ne voudrais pas y avoir parlé comme toi :** 「나는 당신이 말한 것 같은 소리는 하고 싶지 않아요」.
2) **Tu as voulu me lancer à tout prix quelque trait qui pût m'atteindre :** 「당신은 여하한 희생을 치르고서라도, 나에게 命中하는 화살을 쏘려고 생각했읍니다」.
3) **pourvu qu'elle me frappât derrière elle :** pourvu que+*sub.* 「…하기만 한다면, …하는 조건으로」. *Ex.* Pourvu qu'ils ne fassent pas trop de bruit 「그들이 너무 떠들어 대지만 않는다면」.
4) **ou tu n'es qu'un lâche ! :** 「그렇지 않으면 당신은 비겁한 사람이예요」.
5) **beaucoup mieux que :** en t'épousant 하는 것보다 훨씬 좋다.
6) **Qu'y a-t-il :** 「어쨌다는 것이냐 ?」.
7) **qui t'echauffe si fort ? :** 「무엇이 너를 그렇게 강하게 熱狂시키는 것인가 ?」.

menti une fois dans ma vie ; cela est possible, mais je te trouve hardie de décider à quel instant.[1] Viens, aide-moi à secourir Rosette. (*Ils sortent.*)

SCÈNE VII. — *Entrent* LE BARON *et* CAMILLE.

LE BARON.

Si cela se fait, je deviendrai fou.

CAMILLE.

Employez votre autorité.

LE BARON.

Je deviendrai fou, et je refuserai mon consentement ; voilà qui est certain.[2]

CAMILLE.

Vous devriez lui parler et lui faire entendre raison.[3]

LE BARON.

Cela me jettera dans le désespoir pour tout le carnaval,[4] et je ne paraîtrai pas une fois à la cour. C'est un mariage disproportionné. Jamais on n'a entendu parler d'épouser la sœur de lait de sa cousine ; cela passe toute espèce de bornes.[5]

CAMILLE.

Faites-le appeler, et dites-lui nettement que ce mariage vous déplaît. Croyez-moi, c'est une folie, et il ne résistera pas.

---

1) **je te trouve hardie de décider à quel instant :** 「언제 (거짓말을 하였는가) 를 정하다니 너를 대담하다고 본다」.
2) **voilà qui est certain :** 「이것만은 확실하다」.
3) **Vous devriez lui parler et lui faire entendre raison :** devriez 는 말투를 부드럽게 한 命令. Perdican 에게 이야기하고 이치를 타일르란 말.
4) **pour tout le carnaval :** 「謝肉祭기간 중 죽」.
5) **cela passe toute espèce de bornes :** 「그것은 모든 종류의 한계를 넘어선 일이다」.

LE BARON.

Je serai vêtu de noir cet hiver, tenez-le pour assuré.[1]

CAMILLE.

Mais parlez-lui, au nom du ciel ![2] C'est un coup de tête qu'il a fait ;[3] peut-être n'est-il déjà plus temps ;[4] s'il en a parlé, il le fera.[5]

LE BARON.

Je vais m'enfermer pour m'abandonner à ma douleur.[6] Dites-lui, s'il me demande, que je suis enfermé, et que je m'abandonne à ma douleur de le voir épouser une fille sans nom. (*Il sort.*)

CAMILLE.

Ne trouverai-je pas ici un homme de cœur ?[7] En vérité, quand on en[8] cherche, on est effrayé de sa solitude. (*Entre Perdican.*) Eh bien ! cousin, à quand le mariage ?

PERDICAN.

Le plus tôt possible ; j'ai déjà parlé au notaire, au curé, et à tous les paysans.

CAMILLE.

Vous comptez donc réellement que vous épouserez Rosette ?

PERDICAN.

Assurément.

---

1) **tenez-le pour assuré :** 「이것은 틀림없는 일로 생각해다오」.
2) **au nom du ciel ! :** 이 말은 앞의 parlez-lui 를 더 간청하는 소망의 감정.
3) **C'est un coup de tête qu'il a fait :** coup de tête 「순간적인 감정으로 저지른 짓」.
4) **peut-être n'est-il déjà plus temps :** 「이미 때가 늦었는지도 모릅니다」.
5) **s'il en a parlé, il le fera :** 「한번 말한 것은, 행하는 사람이다」.
6) **pour m'abandonner à ma douleur :** 「마음껏 괴로워하기 위해서」.
7) **un homme de cœur :** 「사람의 마음을 이해하는 남자, 말이 통하는 사람」.
8) **en**=un homme de cœur.

CAMILLE.

Qu'en dira votre père ?

PERDICAN.

Tout ce qu'il voudra ;[1] il me plaît d'épouser cette fille ; c'est une idée que je vous dois,[2] et je m'y tiens.[3] Faut-il vous répéter les lieux communs les plus rebattus[4] sur sa naissance et sur la mienne ? Elle est jeune et jolie, et elle m'aime ; c'est plus qu'il n'en faut pour être trois fois heureux.[5] Qu'elle ait de l'esprit ou qu'elle n'en ait pas,[6] j'aurais pu trouver pire. On criera et on raillera ; je m'en lave les mains.[7]

CAMILLE.

Il n'y a rien là de risible ; vous faites très bien de l'épouser. Mais je suis fâchée pour vous d'une chose : c'est qu'on dira que vous l'avez fait par dépit.

PERDICAN.

Vous êtes fâchée de cela ? Oh ! que non.[8]

CAMILLE.

Si, j'en suis vraiment fâchée pour vous. Cela fait du tort à un jeune homme, de ne pouvoir résitser à un moment de

---

1) **Tout ce qu'il voudra :** 「마음대로 하시라지」.

2) **c'est une idée que je vous dois :** je vous dois 「당신 덕분이다」. *Ex.* Je lui dois la vie sauve. 「내가 무사한 것은 그의 덕택이다」.

3) **je m'y tiens :** 「나는 그것을 잘 간직한다」.

4) **les lieux communs les plus rebattus :** 「여러번 되풀이된 진부한 이야기(으레히 하는 흔해빠진 이야기)」.

5) **c'est plus qu'il n'en faut pour être trois fois heureux :** 「남의 3 배나 더 행복해질 수 있다」. *cf.* parler plus qu'il ne faut 「必要 이상으로 말하다」.

6) **Qu'elle ait de l'esprit ou qu'elle n'en ait pas :** en=l'esprit. Que 가 文頭에 오므로 동사는 *subjonctif*.

7) **je m'en lave les mains :** en 은 中性대명사. 앞의 on criera et on raillera 를 가리키는 말. 「나는 그 일에 대해서 두 손을 든다, 문제삼지 않는다」.

8) **que non :** non 의 강조. non 은 다른 말을 덧붙여 강조한다. *Ex.* non pas, non certes, Oh ! non, mais non, ma foi non, dame non, mon Dieu non, certainement non, bien sûr que non, que non, etc.

dépit.[1]

PERDICAN.

Soyez-en donc fâchée ; quant à moi,[2] cela m'est bien égal.

CAMILLE.

Mais vous n'y pensez pas ; c'est une fille de rien.[3]

PERDICAN.

Elle sera donc de quelque chose,[4] lorsqu'elle sera ma femme.

CAMILLE.

Elle vous ennuiera avant que le notaire ait mis son habit neuf et ses souliers pour venir ici ; le cœur vous lèvera[5] au repas de noces ; et le soir de la fête, vous lui ferez couper les mains et les pieds, comme dans les contes arabes,[6] parce qu'elle sentira le ragoût.

PERDICAN.

Vous verrez que non. Vous ne me connaissez pas ; quand une femme est douce et sensible, fraîche, bonne et belle, je suis capable de me contenter de cela, oui, en vérité, jusqu'à ne pas me soucier de savoir si[7] elle parle latin.

CAMILLE.

Il est à regretter qu'[8]on ait dépensé tant d'[9]argent pour vous l'[10]apprendre ; c'est trois mille écus de perdus.

---

1) **un moment de dépit**: 「한 순간의 不快, 한 때의 분함」.
2) **quant à moi**: 「나로서는」.
3) **rien**: 「무가치한 人間」. 여기서는 身分이 없는 人間.
4) **quelque chose**: 앞의 말 rien 에 대해서, 「상당한 身分」.
5) **le cœur vous lèvera**: 「가슴이 울컥거리다」.
6) **les contes arabes**: 「아랍이야기」.
7) **savoir si**: 「…인지 아닌지 알다」. 그녀가 라틴어를 아는지 모르는지 근심할 것도 없다는 소리.
8) **Il est à regretter que**: 「que 이하의 일이 안타깝다」.
9) **tant de**: 「그렇게도 많은」.
10) **l'**=latin.

PERDICAN.

Oui, on aurait mieux fait de[1] les donner aux pauvres.

CAMILLE.

Ce sera vous qui en[2] chargerez, du moins[3] pour les pauvres d'esprit.

PERDICAN.

Et ils me donneront en échange[4] le royaume des cieux, car il est à eux.[5]

CAMILLE.

Combien de temps durera cette plaisanterie ?

PERDICAN.

Quelle plaisanterie ?

CAMILLE.

Votre mariage avec Rosette.

PERDICAN.

Bien peu de temps ; Dieu n'a pas fait de l'homme une œuvre de durée : trente ou quarante ans, tout au plus.[6]

CAMILLE.

Je suis curieuse de danser[7] à vos noces !

PERDICAN.

Écoutez-moi, Camille, voilà un ton de persiflage qui est hors de propos.[8]

---

1) **on aurait mieux fait de :** 「de 이하의 일을 하는 편이 더 좋았을 것이다」.
2) **en :** 「...일」. 즉 앞의 글의 les donner aux pauvre.
3) **du moins :** 「적으나마」.
4) **en échange :** 「그 대신」.
5) **car il est à eux :** 「왜냐하면 天國은 그들의 것이니까」.
6) **tout au plus :** 「고작해서」.
7) **Je suis curieuse de danser :** curieux(se) de+*inf*. 「…을 하고 싶어 하는」. *Ex.* Je serais curieux de savoir comment. 「어떻게 해서 그렇게 되는지 알고 싶다」.
8) **hors de propos :** 「함부로, 당치않게」.

CAMILLE.

Il me plaît trop pour que je le quitte.[1]

PERDICAN.

Je vous quitte donc vous-même ; car j'en ai tout à l'heure assez.[2]

CAMILLE.

Allez-vous chez votre épousée ?

PERDICAN.

Oui, j'y vais de ce pas.[3]

CAMILLE.

Donnez-moi donc le bras ; j'y vais aussi. (*Entre Rosette.*)

PERDICAN.

Te voilà, mon enfant ! Viens, je veux te présenter à mon père.

ROSETTE, *se mettant à genoux.*

Monseigneur, je viens vous demander une grâce.[4] Tous les gens du village à qui j'ai parlé ce matin m'ont dit que[5] vous aimiez votre cousine, et que vous ne m'avez fait la cour que pour vous divertir tous deux ;[6] on se moque de moi[7] quand je passe, et je ne pourrai plus trouver de mari dans le pays, après avoir servi de risée à tout le monde. Permettez-moi de

1) **Il me plaît trop pour que je le quitte :** trop pour que+*sub.* 「너무…해서…하지 못하다」.

2) **j'en ai tout à l'heure assez :** 「나는 조금 전부터 물렸오 (그 이야기는 그만하면 충분하다)」.

3) **j'y vais de ce pas :** de ce pas 「이 발로, 이 걸음으로, 이대로 곧」.

4) **une grâce :** 「용서」.

5) **Tous les gens...à qui...que vous..., et que :** 「qui 이하의…한 마을 사람들은 que 이하, 또 que 이하라고 나에게 말하였다」.

6) **vous ne m'avez fait la cour que pour vous divertir tous deux :** ne...que 형식. 「당신네들 두 분들의 기분전환을 위해서만, 나에게 사랑의 이야기를 하신데 불과하다」.

7) **on se moque de moi... :** se moquer de 「…을 비웃다, 야유하다」.

vous rendre le collier que vous m'avez donné, et de vivre en paix chez ma mère.

CAMILLE.

Tu es une bonne fille, Rosette ; garde ce collier, c'est moi qui te le donne, et mon cousin prendra le mien à la place.[1] Quant à[2] un mari, n'en soit pas embarrassée,[3] je me charge de t'en trouver un.

PERDICAN.

Cela n'est pas difficile, en effet. Allons, Rosette, viens, que je te mène à mon père.

CAMILLE.

Pourquoi ? Cela est inutile.

PERDICAN.

Oui, vous avez raison,[4] mon père nous recevrait mal ; il faut laisser passer le premier moment[5] de surprise qu'il a éprouvée. Viens avec moi, nous retournerons sur la place. Je trouve plaisant qu'[6] on dise que je ne t'aime pas quand je t'épouse. Pardieu ! nous les ferons bien taire. (*Il sort avec Rosette.*)

CAMILLE.

Que se passe-t-il donc en moi ?[7] Il l'[8]emmène d'un air bien tranquille.[9] Cela est singulier : il me semble que la tête me tourne.[10] Est-ce qu'il l'épouserait tout de bon ?[11] Holà ! dame

---

1) **à la place :** 「대신」.
2) **Quant à :** 「…에 관해서는」.
3) **n'en soit pas embarrassée :** 「걱정하지 마라(신랑감에 대해선)」.
4) **vous avez raison :** 「당신 말이 옳다」.
5) **il faut laisser passer le premier moment :** laisser dire 「말하게 내버려두다」.
6) **Je trouve plaisant que... :** 「que 이하를 우스운 일로 여기다」.
7) **Que se passe-t-il donc en moi ?** 「내 마음 속에서 무슨 일이 생기고 있는가?」.
8) **l'**=la=Rosette.
9) **d'un air bien tranquille :** 「아주 침착한(조용한) 태도로」.
10) **il me semble que la tête me tourne.** 「머리가 어지러워진다, 머리가 도는 것 같다」.
11) **tout de bon:** 「정말」.

Pluche, dame Pluche ! N'y a-t-il donc personne ici ? (*Entre un valet.*) Courez après le seigneur Perdican ; dites-lui vite qu'il remonte ici, j'ai à lui parler. (*Le valet sort.*) Mais qu'est-ce donc que tout cela ?[1] Je n'en puis plus, mes pieds refusent de me soutenir.[2] (*Rentre Perdican.*)

PERDICAN.

Vous m'avez demandé, Camille ?

CAMILLE.

Non, – non.

PERDICAN.

En vérité, vous voilà pâle ! qu'avez-vous à me dire ? Vous m'avez fait rappeler pour me parler ?

CAMILLE.

Non, non ! — Ô Seigneur Dieu ! (*Elle sort.*)

Scène VIII

Un oratoire.

Entre CAMILLE. *Elle se jette au pied de l'autel.*

M'avez vous abandonnée, ô mon Dieu ? Vous le savez, lorsque je suis venue, j'avais juré de vous être fidèle ; quand j'ai refusé de devenir l'épouse d'un autre que vous, j'ai cru parler sincèrement devant vous et ma conscience ; vous le savez, mon Père ; ne voulez-vous donc plus de moi ?[3] Oh ! pourquoi faites-vous mentir la vérité elle-même ? Pourquoi suis-je si faible ? Ah ! malheureuse, je ne puis plus prier ! (*Entre Perdican.*)

---

1) **qu'est-ce donc que tout cela ? :** 「대체, 이게 어쩌된 일일까 ?」.
2) **Je n'en puis plus, mes pieds refusent de me soutenir :** 「나는 이제는 버틸 수가 없다. 서 있을 수가 없다」.
3) **ne voulez-vous donc plus de moi ? :** 「그러면 이제 나를 버리시는 것입니까 ?」.

PERDICAN.

Orgueil, le plus fatal des conseillers humains,[1] qu'es-tu venu faire[2] entre cette fille et moi ? La voilà pâle et effrayée, qui presse sur les dalles insensibles son cœur et son visage. Elle aurait pu m'aimer,[3] et nous étions nés l'un pour l'autre ;[4] qu'es-tu venu faire sur nos lèvres, orgueil, lorsque nos mains allaient se joindre ?

CAMILLE.

Qui m'a suivie ? Qui parle sous cette voûte ? Est-ce toi, Perdican ?

PERDICAN.

Insensés que nous sommes ! nous nous aimons. Quel songe avons-nous fait, Camille ? Quelles vaines paroles, quelles misérables folies ont passé comme un vent funeste entre nous deux ? Lequel de nous[5] a voulu tromper l'autre ? Hélas ! cette vie est elle-même un si pénible rêve ! pourquoi encore y mêler les nôtres ?[6] Ô mon Dieu ! le bonheur est une perle si rare dans cet océan d'ici-bas ![7] Tu[8] nous l'avais donné, pêcheur céleste, tu l'[9]avais tiré pour nous des profondeurs de l'abîme, cet inestimable joyau ; et nous, comme des enfants gâtés que

---

1) **Orgueil, le plus fatal des conseilleurs humains :** 「교만이여, 가장 불길한 인간의 조언자여 !」.

2) **qu'es-tu venu faire :** 「어떤 일을 저질러 주었는가」.

3) **Elle aurait pu m'aimer :** pouvoir 동사의 조건법과거가 사용되어서 「그녀는 나를 사랑할 수가 있었으련만…」.

4) **nous étions nés l'un pour l'autre :** 「우리들은 태어나면서부터 연결되어 있었는데…」.

5) **Lequel de nous :** 「우리들 중의 누구」.

6) **Hélas ! cette vie est elle-même un si pénible rêve ! pourquoi encore y mêler les nôtres ? :** 「아 ! 이 人生은 그것 자체만으로도 너무나 고통스러운 꿈인 것을 ! 어쩌자고 거기에 다시 또 우리들의 꿈을 더하려고 하는가」.

7) **cet océan d'ici-bas :** 「이 下界(人間世界)의 大洋」.

8) **Tu**=pêcheur céleste 「天上의 어부」.

9) **l'**=le bonheur=une perle si rare.

nous sommes,[1] nous en avons fait un jouet.[2] Le vert sentier qui nous amenait l'un vers l'autre avait une pente si douce, il était entouré de buissons si fleuris, il se perdait dans un si tranquille horizon ! Il a bien fallu que la vanité, le bavardage et la colère vinssent[3] jeter leurs rochers informes sur cette route céleste, qui nous aurait conduits à toi dans un baiser ![4] Il a bien fallu que nous nous fissions du mal,[5] car nous sommes des hommes ! Ô insensés ! nous nous aimons. (*Il la prend dans ses bras.*)

CAMILLE.

Oui, nous nous aimons, Perdican ; laisse-moi le sentir sur ton cœur.[6] Ce Dieu qui nous regarde ne s'en offensera pas ;[7] il veut bien que je t'aime ; il y a quinze ans qu'il le sait.

PERDICAN.

Chère créature, tu es à moi ! (*Il l'embrasse ; on entend un grand cri derrière l'autel.*)

CAMILLE.

C'est la voix de ma sœur de lait.

PERDICAN.

Comment est-elle ici ? Je l'avais laissée dans l'escalier, lors-

1) **comme des enfants gâtés que nous sommes :** 「우리는 투정부리는 어린이와 같았읍니다」.

2) **nous en avons fait un jouet :** en=le bonheur. 「우리는 그것을 장난감으로 하였읍니다」.

3) **vinssent :** venir 동사의 *subjonctif*. 비인칭동사(falloir) 구문이 앞에 있으므로 사용된 것.

4) **qui nous aurait conduits à toi dans un baiser ! :** 「(그 길) qui 은 우리를 한번의 입맞춤 속에서 당신에게 도달케하여 주었을 것을… !」.

5) **Il a bien fallu que nous nous fissions du mal :** 앞에서 본 3)의 경우와 똑같은 文型. 주문의 동사가 직설법과거이므로 보충문의 동사가 접속법반과거로 사용된 것.

6) **laisse-moi le sentir sur ton cœur :** laisse: laisser 의 명령법동사로 사역의 뜻, 「…하게 하여라」. le 는 사항을 가리키는 중성대명사 즉 nous nous aimons 을 가리킨다.

7) **ne s'en offensera pas :** 「역정 내시지는 않겠지요」. en 은 앞에서 말한 것 즉 「나를 당신 가슴 위에서 그것(nous nous aimons)을 느끼게 해주셔요」.

que tu m'as fait rappeler. Il faut donc qu'elle m'ait suivi sans que je m'en sois aperçu.[1]

CAMILLE.

Entrons dans cette galerie, c'est là qu'on a crié.

PERDICAN.

Je ne sais ce que j'éprouve ; il me semble que mes mains sont couvertes de sang.[2]

CAMILLE.

La pauvre enfant nous a sans doute épiés ; elle s'est encore évanouie ; viens, portons-lui secours ; hélas ! tout cela est cruel.[3]

PERDICAN.

Non, en vérité, je n'entrerai pas ; je sens un froid mortel[4] qui me paralyse. Vas-y, Camille, et tâche de la ramener. (*Camille sort.*) Je vous en supplie, mon Dieu ! ne faites pas de moi un meurtrier ! Vous voyez ce qui se passe ;[5] nous sommes deux enfants insensés, et nous avons joué avec la vie et la mort ; mais notre cœur est pur ; ne tuez pas Rosette, Dieu juste ![6] Je lui trouverai un mari, je réparerai ma faute ; elle est jeune, elle sera riche, elle sera heureuse ; ne faites pas cela, ô Dieu ! vous pouvez bénir encore quatre de vos enfants. Eh bien ! Camille, qu'y a-t-il ? (*Camille rentre.*)

CAMILLE.

Elle est morte ! Adieu, Perdican !

---

1) **sans que je m'en sois aperçu :** sans que로 시작되는 부사절이기 때문에 je sois하고 접속법을 사용한 것. en은 elle m'ait suivi.

2) **mes mains sont couvertes de sang :** 이 표현은 Rosette의 죽음을 아주 낭만적으로 豫感케 한 표현이다. Perdican은 비록 칼로 Rosette를 찔러죽이지 않았지만 그 손이 피로 물들은 것을 느끼는 인상적인 대목이다.

3) **tout cela est cruel :** 「가혹한 일이로군요」.

4) **je sens un froid mortel :** 「죽는 것 같은 오한을 느끼다」.

5) **Vous voyez ce qui se passe :** 「(하나님이) 보시는 바와 같은 경위입니다」.

6) **Dieu juste ! :** 「공정하신 하느님 !」.

IL FAUT QU'UNE PORTE SOIT OUVERTE OU FERMÉE

PERSONNAGES

Le Comte

La Marquise

IL FAUT QU'UNE PORTE SOIT[1] OUVERTE OU FERMÉE

PERSONNAGES

LE COMTE.
LA MARQUISE.

La scène est à Paris.

Un petit salon.

LE COMTE, LA MARQUISE. *La marquise, assise sur un canapé, près de[2] la cheminée, fait de la tapisserie. Le comte entre et salue.*

LE COMTE

Je ne sais quand je me guérirai de[3] ma maladresse, mais je suis d'une cruelle[4] étourderie. Il[5] m'est impossible[6] de pren-

1) **Il faut qu'une porte soit...:** 主文이 falloir일 경우 從屬文에는 *subjonctif*을 쓴다.
2) ***près de...*:** 「가까이(에서)」. près d'ici 「이 근방에」. tout près de...「…의 바로 가까이」.
3) **quand je me guérirai de...:** 「언제나, 나는…가(로 부터) 治癒될런지」.
4) **cruelle:** *adj.* 「殘忍한」이라는 뜻 이외에 「지독한」, 「난처한」 따위의 뜻이 있다.
5) **Il:** 非人稱用法의 形式的 主語. 內容은 de prendre sur moi de me rappeler votre jour.
6) **Il est impossible de:** de 以下의 일이 不可能하다. *Ex.* Il est difficile de, Il est facile de, Il est naturel(le) de.

dre sur moi[1] de me rappeler votre jour,[2] et toutes les fois que j'ai envie de vous voir,[3] cela ne manque jamais d'être un mardi.[4]

LA MARQUISE

Est-ce que vous avez quelque chose à me dire ?

LE COMTE

Non, mais, en le[5] supposant, je ne le[6] pourrais[7] pas, car c'est un hasard que vous soyez seule ;[8] et vous allez avoir,[9] d'ici à un quart d'heure,[10] une cohue d'amis intimes qui me fera sauver,[11] je vous en[12] avertis.

LA MARQUISE

Il est vrai que c'est aujourd'hui mon jour, et je ne sais trop pourquoi j'en ai un.[13] C'est une mode qui a pourtant sa raison. Nos mères laissaient leur porte ouverte ; la bonne compagnie[14]

---

1) **prendre sur moi :** prendre sur soi de+*inf*. 「떠맡다, 책임을 지다」. 名詞의 경우에는 prendre sur soi quelque chose.
2) **votre jour :** 어떤 요일을 정해 놓고 訪問客을 맞이하는 習慣이 있었다. 여기서는 그날을 말하는 것이다.
3) **j'ai envie de vous voir :** 「내가 당신이 보고싶을…」. avoir envie de+*inf*. 「…하고 싶다」.
4) **cela ne manque jamais d'être un mardi :** 「언제고 화요일이 아니었던 일은 없어요」. 화요일이 訪問客을 맞이하는 날이므로 조용히 만날 수 없었다는 소리.
5) **le :** 中性代名詞. La Marquise의 대사 중의 que vous avez quelque chose à me dire. Le Comte 쪽에서 말한다면 que j'ai quelque chose à vous dire가 된다.
6) **le :** 中性代名詞. La Marquise의 대사 중의 me dire. Le Comte 쪽에서 말하자면 vous dire가 된다.
7) **pourrais :** pouvoir의 *conditionnel*. 말투를 부드럽게하기 위해서 條件法을 쓴 것이다.
8) **c'est un hasard que vous soyez seule :** 「당신이 혼자 계신 것은 우연」이기 때문에 *subjonctif* (接續法)을 쓴 것은 놀라움을 표시하기 위함이다.
9) **vous allez avoir :** aller+*inf*. 는 가까운 未來를 표시한다.
10) **d'ici un quart d'heure :** 「지금으로부터 15分」. 여기서 ici는 「지금」이라는 뜻.
11) **me fera sauver :** 「도망가게 될 것이다」. faire 「만들다」에 계속되는 대명동사의 보어대명사는 문장의 意味가 바뀔 염려가 없을 때는 생략될 수 있다. 여기서는 me fera me sauver의 me가 생각된 것이다.
12) **en**=de cela. cela=qui(=une cohue d'amis intimes) me fera sauver. avertir quelqu'un de quelque chose라고 하는 構成을 쓰게 되므로 en이 사용된다.
13) **pourquoi j'en ai un :** 「어째서 내가 그것(손님을 맞이하는 날)을 정했는지」.
14) **la bonne compagnie :** 「좋은 교제상대」 라는 뜻이지만, 여기서는 「교제상대로서 부끄럽지 않을 정도의 신분을 지닌 사람들」.

n'était pas nombreuse, et se bornait, pour chaque cercle, à une fournée[1] d'ennuyeux qu'on avalait à la rigueur.[2] Maintenant, dès qu'[3]on reçoit, on reçoit tout Paris ; et tout Paris, au temps où nous sommes,[4] c'est bien réellement Paris tout entier, ville et faubourgs. Quand on est chez soi,[5] on est dans la rue. Il fallait bien trouver un remède ; de là[6] vient que chacun a son jour. C'est le seul moyen de se voir le moins possible, et quand on dit : Je suis chez moi le mardi, il est clair que c'est comme si on disait : Le reste du temps, laissez-moi tranquille.

LE COMTE

Je n'en ai que plus de tort[7] de venir aujourd'hui, puisque vous me permettez de vous voir dans la semaine.[8]

LA MARQUISE

Prenez votre parti[9] et mettez-vous là. Si vous êtes de bonne humeur,[10] vous parlerez,[11] sinon, chauffez-vous. Je ne compte

---

1) **fournée :** (빵)가마, 솥, 가득히의 分量을 말함. 다시 말해서 1회의 가마솥에 넣고 굽는 빵의 分量을 말함. 여기서는 그와같은 의미의 比喩的인 意味로서 「한떼」라는 意味로 쓰인 것.

2) **à la rigueur :** 「할 수 없으면, 엄밀히 말해서」. 여기서는 앞의 뜻.

3) **dès que :** 「…하자 마자」.

4) **au temps où nous sommes :** 「현재로서는」. nous sommes 가 현재시제니까 「현재로서는」의 뜻이 된다.

5) **Quand on est chez soi :** 「자기집에 있어도」. soi 는 on 에 상당하는 명사형으로, 전치사 뒤에 놓는 형은 soi 이다. 또한 이것은 강조형이라고도 말한다.

6) **là :** 본래 장소를 표시하는 부사지만, cela 와 같은 의미로 사용된다.

7) **Je n'en ai que plus de tort :** 「더욱 더…한 것은 내가 잘못했군요」. ne...que... 「...밖에…안하다」. en: de cela 의 de 는 원인, 이유를 나타내기 때문에 여기서는 그런 의미로 쓰인 것.

8) **dans la semaine :** 보통은 「위이크 데이」의 뜻이다. 여기서는 「訪問客을 맞이하는 날 이외의 날에」라는 의미.

9) **Prenez votre parti :** 「결심하다」. 앞 뒤의 상관관계로 의미가 틀리는 때가 있음. 즉, *Ex* ① Je prends son parti. 「나는 그 사람 편을 든다」. *Ex.* ② prendre son parti de quelque chose 「…을 단념하다」. 이 경우에는 뒤의 뜻이다.

10) **Si vous êtes de bonne humeur :** 「만일에 마음이 내키시거든」. être de bonne humeur 「기분이 좋다」.

11) **vous parlerez :** 미래형은 완곡한 命令으로도 쓰인다.

pas sur grand monde aujourd'hui,[1] vous regarderez défiler ma petite lanterne magique.[2] Mais qu'avez-vous[3] donc ? vous me semblez...

LE COMTE

Quoi ?[4]

LA MARQUISE

Pour ma gloire, je ne veux pas le dire.

LE COMTE

Ma foi, je vous l'[5]avouerai ; avant d'entrer ici, je l'[6]étais un peu.

LA MARQUISE

Quoi ? je le demande à mon tour.[7]

LE COMTE

Vous fâcherez-vous si je vous le dis ?

LA MARQUISE

J'ai un bal ce soir où je veux être jolie ; je ne me fâcherai pas de la journée.[8]

LE COMTE

Eh bien ! j'étais un peu ennuyé. Je ne sais[9] ce que j'ai ;[10]

---

1) **Je ne compte sur grand monde aujourd'hui :** 「오늘은 손님이 그리 많이 오시리라 생각치 않으니」. compter sur 「…을 믿다, 기대하다」.

2) **ma petite lanterne magique :** 「走馬燈」. 손님이 계속해서 오는 것을 走馬燈으로 비유한 것.

3) **qu'avez-vous :** 「어찌된 일입니까 ?」.

4) **Quoi ? :** 여기서는 후작부인의 대사에서 마지막 부분 vous me semblez... 다음에 올 말을 물은 것이다. 자세히 말하자면, 「내가 당신에 무엇처럼 보입니까 ?」 라는 뜻이 된다.

5) **l' :** 中性대명사. avant d'entrer ici, je l'étais un peu 를 가리킨다. 여기서는 뒷 글에서 나오는 것을 가리키고 있지만, 앞에 나오는 것을 가리키는 것이 통례이다.

6) **l' :** 여기까지로서는 이 le 가 무엇을 가리키는지 명확하지 않다. 構文上으로 보면 形容詞를 받는 中性代名詞란 것을 알 수 있다. 그래서 후작부인이 Quoi ? 하고 反問한 것이다. 그 다음 對話로서 이것은 ennuyé 를 가리키는 것으로 나타난다.

7) **à mon tour :** 「이번에는 내가」. 내 차례가 되어서란 의미가 있다.

8) **de la journée :** 「오늘은」. de 는 막연히 때를 가리킬 때 쓰임.

9) **Je ne sais :** savoir, pouvoir 의 부정은 pas 가 없어도 상관 없음.

10) **ce que j'ai :** qu'est-ce qui, qu'est-ce que 로 시작하는 의문문(그리고 그와 동일한 의미의 의문문)은 간접의문에서는 ce qui...ce que...의 형태를 취한다. 여기서는 Qu'est-ce que j'ai ? 의 간접의문형. 「어찌된 일인지 ?」.

c'est un mal à la mode,[1] comme vos réceptions. Je me désole depuis midi ; j'ai fait quatre visites sans trouver personne. Je devais dîner quelque part ; je me suis excusé[2] sans raison. Il n'y a pas un spectacle[3] ce soir. Je suis sorti par un temps glacé ;[4] je n'ai vu que des nez rouges et des joues violettes. Je ne sais que faire,[5] je suis bête à faire plaisir.[6]

LA MARQUISE

Je vous en offre autant ;[7] je m'ennuie à crier. C'est le temps qu'il fait,[8] sans aucun doute.[9]

LE COMTE

Le fait est que le froid est odieux ; l'hiver est une maladie. Les badauds voient le pavé propre, le ciel clair,[10] et, quand un vent bien sec leur coupe les oreilles, ils appellent cela une belle gelée. C'est comme qui dirait[11] une belle fluxion de poitrine. Bien obligé[12] de ces beautés-là.[13]

---

1) **à la mode :** 「유행의」.
2) **je me suis excusé :** 「거절하였다」. s'excuser 는 「변명을 하다」.
3) **pas un spectacle :** pas un. 「하나도 없다」.
4) **par un temps glacé :** par 는 氣候에 관한 「…의 때에, …中에」.
5) **Je ne sais que faire :** 「어찌해야 할지 모릅니다」. Que faire ? 「어찌하면 좋을까 ?」. 주어가 뻔할 경우라든지 또는 明示할 必要가 없을 경우에는 의문대명사와 동사의 不定法만으로(必要할 때는 補語까지 넣어서) 의문문을 만드는 경우가 종종 있다. 이 경우는 그 간접의문형.
6) **Je suis bête à faire plaisir :** 「바보도 이쯤되면 볼만 합니다」.
7) **Je vous en offre autant :** 「나도 마찬가지입니다」.
8) **C'est le temps qu'il fait :** 「날씨 탓입니다」. *cf.* Il fait beau (temps).
9) **sans aucun doute :** sans doute 는 본래 「틀림없이」라는 뜻이었으나, 차츰 意味가 弱해져서, 지금은 「아마도」라는 뜻이 되었기 때문에 「틀림없이」라는 뜻일 경우에는 aucun 을 넣게 되었다.
10) **voient le pavé propre, le ciel clair :** 「길이 정결하고, 하늘이 맑다고」. 「le pavé 가 propre 하고, le ciel 이 clair 하다고 생각한다」는 뜻.
11) **comme qui dirait :** qui 의 선행사가 생략되어 있기 때문에 celui 를 보충해서 생각하면 좋다. comme si on dirait 와 한가지 뜻이다.
12) **Bien obligé :** 「대단히 감사합니다」. Je suis bien obligé 의 생략, 그러나 여기서는 反語的인 뜻으로 쓴 말이다.
13) **beautés-là :** beauté 는 「美人」. 여기서는 gelée 가 여성명사이기 때문에 美人으로 비유하고 있다.

LA MARQUISE

Je suis plus que de votre avis.[1] Il me semble que mon ennui me vient moins de l'air du dehors, tout froid qu'il est,[2] que de celui[3] que les autres respirent. C'est peut-être que[4] nous vieillissons. Je commence à avoir trente ans, et je perds le talent de vivre.

LE COMTE

Je n'ai jamais eu ce talent-là, et ce qui m'épouvante, c'est que je le gagne.[5] En prenant des années on devient plat ou fou, et j'ai une peur atroce de mourir comme un sage.

LA MARQUISE

Sonnez pour qu'[6]on mette une bûche au feu ; votre idée me gèle. (*On entend le bruit d'une sonnette au dehors.*)

LE COMTE

Ce n'est pas la peine ;[7] on sonne[8] à la porte, et votre procession arrive.

---

1) **Je suis plus que de votre avis:** 「내 생각은 당신의 의견보다 더 하답니다」. je suis de votre avis. 「나는 당신과 같은 의견입니다」의 비교급.

2) **tout froid qu'il est:** tout+*adj.* que+*ind.* (*subjonctif* 가 쓰이는 수도 있다). ①「대단히…이지만」(대립을 나타낸다) ②「아무리…이라 하더라도」(양보를 나타냄). *indicatif* 의 경우는 ①이고 *subjonctif* 의 경우는 ②라고 설명하는 사람도 있지만 실제로는 양쪽 다 두 가지의 뜻으로 사용되는 듯하다.

3) **que de celui:** que 는 앞줄의 moins 에 대응하여 比較의 뜻을 표시한 것이다. celui 는 l'air 를 가리킨다.

4) **C'est peut-être que:** que 는 parce que 의 代用. que 는 종종 다른 接續詞대신 사용된다.

5) **ce qui m'épouvante, c'est que je le gagne:** 「그것이 놀라웁게도 그런 재주가 생긴 모양입니다」. ce+*pronom relatif* 가 주어일 경우에는 대개 이 예와 같이 동사 앞에 ce 를 되풀이한다.

6) **pour que:** 「…하기 위해서」. *subjonctif* 를 사용함.

7) **Ce n'est pas la peine.** 「그럴 필요가 없다」.

8) **on sonne:** 직접보어 la sonette 가 생략되어 있다. sonner 하면 초인종으로 으레히 아는 것이기 때문에 그대로 사용된 것이다.

LA MARQUISE

Voyons quelle sera la bannière,[1] et surtout, tâchez de rester.[2]

LE COMTE

Non ; décidément je m'en vais.[3]

LA MARQUISE

Où allez-vous ?

LE COMTE

Je n'en sais rien. (*Il se lève, salue et ouvre la porte.*) Adieu, madame, à jeudi soir.

LA MARQUISE

Pourquoi jeudi ?

LE COMTE *debout, tenant le bouton de la porte.*

N'est-ce pas votre jour aux Italiens ?[4] J'irai vous faire une petite visite.

LA MARQUISE

Je ne veux pas de vous ; vous êtes trop maussade. D'ailleurs, j'y[5] mène M. Camus.

LE COMTE

M. Camus, votre voisin de campagne ?[6]

---

1) **bannière :** 「기치, 단기」. 앞 줄 백작의 이야기에 procession 이 나왔기 때문에 bannière 로 받은 것. 즉 procession 은 普通 그리스도교 行事의 行列이며, 그 선두에 教區나 또는 團體의 bannière 를 받들고 行進하며, 그 bannière 를 보면 어느 團體인지 알 수 있기 때문에 그것을 비유한 말. 그러니까 여기서는 연달아 오는 訪問客들을 procession 으로 비유한 것.

2) **tâchez de rester :** 「하여간 좀 머물러 계셔요」.

3) **décidément je m'en vais :** 「단연코 가겠읍니다」.

4) **Italiens :** Opéra-Comique 를 말함. Marivaux 와 관계가 두터웠던 이태리劇團이 1762 年에 l'Opéra-Comique 의 프랑스 배우들과 合同하였다. 그 後 1780 年에 이태리 배우들은 歸國하였지만 그 후에도 오랫동안 l'Opéra-Comique 의 프랑스 배우들은 comédiens italiens 이라 불리웠고, l'Opéra-Comique 에 가는 것을 aller aux Italiens 이라고 하였다. 이에 대하여, Théâtre Français, 그러니까 Comédie Française 의 배우들을 comédiens français 라 불렀고, 거기에 가는 것은 aller aux Français 라고 하였다. (複數를 쓴다).

5) **y :** aux Italiens.

6) **Votre voisin de campagne :** 「별장이 이웃에 있는, 이웃(옆집) 별장」.

LA MARQUISE

Oui ; il m'a vendu des pommes et du foin avec beaucoup de galanterie, et je veux lui rendre sa politesse.

LE COMTE

C'est bien vous, par exemple.[1] L'être le plus ennuyeux ![2] on devrait[3] le nourrir de sa marchandise.[4] Et, à propos,[5] savez-vous ce qu'on dit ?

LA MARQUISE

Non. Mais on ne vient pas : qui avait donc sonné ?

LE COMTE *regarde par la fenêtre.*

Personne,[6] une petite fille, je crois, avec un carton, je ne sais quoi, une blanchisseuse. Elle est là, dans la cour, qui parle à vos gens.[7]

LA MARQUISE

Vous appelez cela je ne sais quoi ; vous êtes poli, c'est mon bonnet. Eh bien, qu'est-ce qu'on dit de moi et de M. Camus ? — Fermez donc cette porte... Il vient un vent horrible.

LE COMTE, *fermant la porte.*

On dit que vous pensez à vous remarier, que M. Camus est millionnaire, et qu'il vient chez vous bien souvent.

LA MARQUISE

En vérité ! pas plus que cela ? Et vous me dites cela au nez

---

1) **C'est bien vous, par exemple :** 「정말로, 당신 다우십니다」. par exemple 은 「예를 들면」이란 뜻으로도 사용되지만, 놀라움이나 또는 强調를 나타내는 間投詞로서, 여기서는 「참, 정말로」 따위의 뜻.

2) **L'être le plus ennuyeux ! :** 「그 따위 더 위 없이 지루한 남자에게 !」.

3) **devrait :** devenir 의 conditionnel, 語調를 부드럽게 하기 위해서 쓰인 것.

4) **on devrait le nourrir de sa marchandise :** 「그 사람 장사 물건을 사주면 되는 것입니다」.

5) **à propos :** 「그런데」.

6) **Personne :** 부정의 대명사. 「아무도 없읍니다」. 訪問客이 온 것이 아니라는 뜻.

7) **vos gens :** 「당신의 下女」 또는 「부하」.

tout bonnement ?[1]

LE COMTE

Je vous le dis, parce qu'on en parle.

LA MAROQUISE

C'est une belle raison. Est-ce que je vous répète tout ce qu'on dit de vous aussi par le monde ?[2]

LE COMTE

De moi, madame ? Que peut-on dire, s'il vous plaît,[3] qui ne puisse pas[4] se répéter ?[5]

LA MARQUISE

Mais vous voyez bien que tout peut se répéter,[6] puisque vous m'apprenez que je suis à la veille d'[7] être annoncée madame Camus. Ce qu'on dit de vous est au moins[8] aussi grave,[9] car il paraît[10] malheureusement que c'est vrai.

LE COMTE

Et quoi donc ? Vous me feriez[11] peur.

LA MARQUISE

Preuve de plus[12] qu'on ne se trompe pas.

---

1) **Et vous me dites cela au nez tout bonnement ?** 「당신은 그것을 나에게 면전에서 말씀하시깁니까 ?」. 主語와 動詞가 倒置되어 있지 않은 疑問文. 會話에서 잘 쓰인다. dire au nez 「면전에서, 얼굴을 마주하고」.

2) **par le monde :** 「세상에서」. par 는 「…속을, …속에서」의 뜻이다. dans 은 「…속」 한 군데로서 좋지만 par 는 「…속」의 여기 저기 최소한 몇 군데를 의미한다.

3) **s'il vous plaît :** Dites-moi, s'il vous plaît.... Dites-moi 가 생략되어 있음.

4) **qui ne puisse pas :** 疑問節의 말을 限定하는 종속절(從屬節)中의 동사는 *subjonctif* 가 사용된다.

5) **se répéter :** 「되풀이되다」. 受動의 뜻으로 사용된 대명동사.

6) **Mais vous voyez bien que tout peut se répéter :** 「천만에, 무엇이고 모두 다 이야기 할 수 있지요」.

7) **à la veille de :** 「곧」. être à la veille de+*inf*. 「바야흐로…하려 하고 있다」.

8) **au moins :** 「적으나마」.

9) **aussi grave :** 동등비교, 우등비교급이나, 열등비교급에서도 모두 마찬가지지만 무엇하고 비교하고 있는가를 쓰지 않아도 알 수 있는 경우에는 생략된다.

10) **il parait :** 「…인 것 같다, …인 듯이 보이다」. *Ex.* Elle a trente ans, mais elle ne les paraît pas. 「그녀는 30살이지만 그렇게 보이지 않는다」.

11) **feriez :** faire 의 *conditionel*. 어투를 부드럽게 하기 위해서 쓴 조건법.

12) **Preuve de plus :** 「증거가 하나 더 생겼다」. Preuve de plus qu'on ne se trompe pas. 「그리고 틀림없는 증거랍니다」.

LE COMTE

Expliquez-vous, je vous en prie.

LA MARQUISE

Ah ! pas du tout ;[1] ce sont vos affaires.

LE COMTE *se rassoit.*

Je vous en supplie, marquise, je vous le demande en grâce. Vous êtes la personne du monde dont l'opinion a le plus de prix pour moi.

LA MARQUISE

L'une des personnes,[2] vous voulez dire.

LE COMTE

Non, madame ; je dis : la personne, celle dont l'estime, le sentiment, la...

LA MARQUISE

Ah ! ciel ! vous allez faire une phrase.[3]

LE COMTE

Pas du tout. Si vous ne voyez[4] rien, c'est qu'[5]apparemment vous ne voulez rien voir.

LA MARQUISE

Voir quoi ?

LE COMTE

Cela s'entend de reste[6]

---

1) **pas du tout :** du tout 는 否定을 强調한다. 「조금도…」.

2) **L'une des personnes :** 「…중의 한 사람」. 여기서는 위의 Vous êtes la personne du monde...라고 이야기한 백작의 말을 받아서 한 이야기.

3) **Ah ! ciel ! vous allez faire une phrase :** 「어머 ! 당신은 그럴사한 말씀을 하시는군요」. faire une phrase 「美辭麗句를 늘어놓다, 장담한다」. 보통 複數로 말함.

4) **voyez :** voir 는 여기서는 comprendre 의 意味로 사용되고 있다.

5) **que :** prace que 의 代用.

6) **Cela s'entend de reste :** 「뻔하지 않습니까」. 여기의 entendre 도 comprendre 의 뜻으로 사용되고 있다. 즉 여기서도 수동의 뜻인 *verbe pronominal* 로 「이해된다」의 뜻이므로 위의 뜻이 된 것이다. de reste : 「必要 이상으로, 충분히」.

LA MARQUISE

Je n'entends que[1] ce qu'on me dit, et encore pas des deux oreilles.[2]

LE COMTE

Vous riez de tout ; mais, sincèrement, serait-il[3] possible que, depuis un an, vous voyant[4] presque tous les jours, faite comme vous êtes,[5] avec votre esprit, votre grâce et votre beauté...

LA MARQUISE

Mais, mon Dieu ! c'est bien pis qu'une phrase,[6] c'est une déclaration[7] que vous me faites là. Avertissez au moins :[8] est-ce une déclaration, ou un compliment de bonne année ?[9]

LE COMTE

Et si c'était une déclaration ?[10]

LA MARQUISE

Oh ! c'est que je n'en[11] veux pas ce matin. Je vous ai dit

---

1) **Je n'entends que :** ne...que「…밖에…하지 않는다」. Je n'entends que ce qu'on me dit.「자세히 말씀하시지 않으면 못 알아들어요」.

2) **des deux oreilles :** entendre des deux oreilles. 직역하면「두 귀로 듣는다」. 그러니까「잘 듣는다」는 뜻이다.

3) **serait-il :** 도치해 놓은 것은, 완결되어 있지 않지만 의문문이기 때문이다.

4) **vous voyant :** vous는 voir의 직접보어, 主語가 나타나기 전에 文章이 끊어져 있지만, 현재분사의 주어는 主文의 주어와 일치하지 않는 경우에는, 쓰여졌어야 하기 때문에, 이 경우의 主語는 je로 보는 것이 타당하다.

5) **faite comme vous êtes :** 윗 줄의 vous의 *attribut*로서 vous(후작부인)가 女性단수이기 때문에 faite하고 여성단수가 되어 있다.

6) **c'est bien pis qu'une phrase :**「비행기 태우는 소리(美辭麗句) 하지 마셔요」.

7) **déclaration :** 여기서는 déclaration d'amour의 뜻으로 使用된 것.

8) **au moins :**「적으나마, 어쨌든」.

9) **compliment de bonne année :**「새해인사」. 새해인사를 할 때. "bonne année!" 하기 때문에 여기의 말뜻은「새해인사」가 된다.

10) **Et si c'était une déclaration ? :**「그리고, 만약에 그것이 사랑의 고백이라면요 ?」. 조건문으로 主文이 되어야 할 疑問文이 생략되어 있다. 여기의 主文은 아마도 Que faîtes-vous ? 가 될 것이다.

11) **en**=de déclaration.

que j'allais au bal,[1] je suis exposée à en[2] entendre ce soir ; ma santé ne me permet pas ces choses-là deux fois par jour.

LE COMTE

En vérité, vous êtes décourageante,[3] et je me rejouirai de bon cœur[4] quand vous y[5] serez prise à votre tour.[6]

LA MARQUISE

Moi aussi, je m'en réjouirai. Je vous jure qu'il y a des instants où je donnerais de grosses sommes pour avoir seulement un petit chagrin. Tenez,[7] j'étais comme cela pendant qu'on me coiffait, pas plus tard que tout à l'heure.[8] Je poussais des soupirs à me fendre l'âme,[9] de désespoir de ne penser à rien.

---

1) **j'allais au bal :** 主文의 時制로 보아서 현재나 또는 未來의 사실을 나타내는 從屬文 속의 動詞는, 主文이 과거인 때는 imparfait 로 한다. 그러니까 이 文章은 Je vous dis que je vais au bal. 하는 文章의 主文의 動詞가 passé composé 로 바뀌므로해서 即 Je vous ai dit 로 바뀌므로해서 j'allais au bal. 로 변화된 글이다.

2) **en :** des déclaration.

3) **décourageante :** dé-는 *préfixe*(接頭辭)로서 무엇인가를「제거하다, 떼어버리다」또는 反對를 나타내는 말이다. 그러니까 décourager 는 courage 를 제거하는 일, 가령 다음 臺辭인 후작부인의 이야기 말미부분에 나오는 désespoir 도 espoir 에 dé-를 붙인 것으로「희망이 없어지는 일」, 다시 말해서「絕望」이라는 뜻이며, 이 밖에도 débrouiller 는 brouille 로부터 떼어내는 일이고, dérailler 는 rail 로부터 벗어나는 일이다.

4) **de bon cœur :**「기꺼이」. volontiers 또는 sincèrement 과 같은 의미의 用法.

5) **y :** 무엇을 가리키는가 명백히 말하기 어려우나 지금 현재의 자기(백작)의 입장을 막연히 가리키고 있다.

6) **à votre tour :** à mon tour, à son tour, etc.「이번에는 당신 차례로」.

7) **Tenez :** 상대방의 注意를 促求하는 間投詞. 이것은 어디까지나 間投詞이지 命令法이 아니기 때문에, 인칭변화를 하지 않는다. 그래서 tutoyer 하는 친분관계에서도 tenez 로 사용한다. 마찬가지로 Tiens 도 가벼운 놀라움을 나타내는 間投詞이기 때문에 voussoyer 로 통하는 상관관계의 상대자에게도 그대로 Tiens 을 쓴다.

8) **pas plus tard que tout à l'heure :**「바로 조금 전에」. pas plus tard que...「바로...」. *Ex.* pas plus tard qu'hier.「바로 어제」. tout à l'heure「조금 전에」또는「금방」. 과거에도 미래에도 사용한다. 현재와 아주 가까운 시간.

9) **me fendre l'âme :**「가슴이 터질듯 한」. *Ex.* Son cœur se fendit de chagrin.「그의 가슴은 슬픔으로 찢어질 듯하였다」. *N.B.* me fendre l'âme 의 용법은 한국 사람식으로 思考한다면 fendre mon âme 이라고 말하는 것이 타당할 듯하나 프랑스 사람들의 思考方式으로는 그와같이 표현하지 않고 위와같이 표현한다. 即 人間의 신체의 부분(âme 도 그 하나로 생각된다) 에 관해서 이야기할 때는 언제나 그 사람을 間接補語로, 또 그 부분을 정관사를 붙이고 직접보어로 한다. 그래서 serrer la main à quelqu'un. 하는 식의 문형이 된다.

LE COMTE

Raillez, raillez ! Vous y viendrez.[1]

LA MARQUISE

C'est bien possible ; nous sommes tous mortels[2]. Si je suis raisonnable, à qui la faute ?[3] Je vous assure que je ne me défends pas.[4]

LE COMTE

Vous ne voulez pas qu'on vous fasse la cour.[5]

LA MARQUISE

Non.[6] Je suis très bonne, mais, quant à[7] cela, c'est par trop[8] bête. Dites-moi un peu, vous qui avez le sens commun,[9] qu'est-ce que signifie cette chose-là :[10] faire la cour à une femme ?

---

1) **Vous y viendrez :** 「이제 그렇게 될 것입니다」. 여기의 y 도 막연한 뜻이지만 (p. 118 주 5)의 y 와 같은 것을 가리키고 있다.

2) **nous sommes tous mortels :** 「우리들은 모두 다 인간이니까요」.

3) **Si je suis raisonnable, à qui la faute ?** 「나에게 이성이 있다 하더라도, 누구 탓이겠어요 ? 」. à qui la faute ? 는 à qui est la faute ? 의 동사가 생략되어 있다. Ce livre est à moi. 「그 책은 내것이다」의 文型이 의문이 된 형태의 글이다. si 로 시작되는 조건문이나, 주문이나, 동사가 직설법으로 동일한 시제(이 글에서는 현재)인 경우에는, 종속절의 사실과 대비해서 주절의 사실을 확인한다. 이 글에서는 주절은 의문문이지만, 이것은 ce n'est pas ma faute 와 같은 의미이기 때문에, 이것으로 바꾸어 놓고 생각해 보면 된다. S'il est sévère, il est juste. 「그는 엄격하기는 하지만 바르다」. 그가 sévère 한 것도 juste 한 것도 모두 다 사실이다.

4) **je ne me défends pas :** me 는 간접보어, 직접보어가 de+*inf.* 로 생략되어 있다. 그러니까 여기서는 「사랑을 하지 않기로 자기에게 금지하지 않았다」는 소리가 된다.

5) **qu'on vous fasse la cour :** vouloir que...의 종속문 속에는 어쩌다 *indicatif* 도 쓰이지만 보통은 *subjonctif* 를 쓴다. faire la cour à une femme. 「여자에게 사랑의 설득을 하다」. 여자에게 친근해지기 위해서 찬사 등으로 접근하는 일. *cf.* faire sa cour au roi. 「어전(임금)에 문안을 드리다」.

6) **Non :** je ne veux pas 라는 意味이다. 否定疑問으로 질문 당하였을 때 否定의 답은 Non 이다. 한국말하고 반대가 되는 점을 注意할 일.

7) **quant à :** 「…에 관해서는」.

8) **par trop :** 「너무나」. trop 와 같은 意味이나 trop 보다 조금 강한 느낌의 말.

9) **vous qui avez le sens commun :** 「당신은 상식이 있는 분이시니까, 좀…」.

10) **qu'est-ce que signifie cette chose-là :** qu'est-ce que 로서 시작하는 疑問文에서는 主語와 動詞를 倒置안해도 좋지만, cette chose-là 와의 밸런스 관계로 이렇게 도치해 놓았다. 일률적으로 말하기 어려우나 종속문 중에 주어가 길면, 뒤로 가는 경향이 있다.

LE COMTE

Cela signifie que cette femme vous plaît,[1] et qu'on est bien aise de le lui dire.

LA MARQUISE

A la bonne heure ;[2] mais cette femme, cela[3] lui plaît-il, à elle,[4] de vous plaire ? Vous me trouvez jolie,[5] je suppose, et cela vous[6] amuse de m'en faire part.[7] Eh bien, après ? Qu'est-ce que cela prouve ? Est-ce une raison pour que[8] je vous aime ? J'imagine que, si quelqu'un me plaît, ce n'est pas parce que je suis jolie. Qu'y[9] gagne-t-il, à ses compliments ? La belle manière de se faire aimer que de[10] venir se planter devant une femme avec un lorgnon, de la regarder des pieds à la tête, comme une poupée dans un étalage, et de lui dire bien agréablement : Madame, je vous trouve charmante ![11] Joignez à cela quelques phrases bien fades, un tour de valse et un bouquet, voilà[12] pourtant ce qu'on appelle faire sa cour.[13] Fi donc ! Comment un homme d'esprit peut-il prendre

---

1) **cette femme vous plaît :** on 은 주격 밖에 없기 때문에, 직접보어나 또는 간접보어가 필요할 때는 보통 vous 로서 대용한다. 그러니까 여기의 vous 는 다음 글의 on 과 동일인물이다.

2) **A la bonne heure :** 「좋아요, 마침 잘됐군, 반갑군」. 여기서는 약간 빈정되는 의미가 포함된 「그것 훌륭하군요」 정도의 뜻.

3) **cela**=de vous plaît.

4) **à elle :** lui 를 되풀이 강조한 것. elle=cette femme.

5) **Vous me trouvez jolie :** jolie 는 me 의 속사. 「me 를 jolie 하다고 생각한다」.

6) **cela**=de m'en faire part.

7) **m'en faire part**=faire part de quelque chose à quelqu'un. 「어떤 일을 아무개에게 알리다」. faire-part 는 名詞로서 「通知狀」(結婚 또는 死亡시에) 의 뜻으로 사용된다.

8) **pour que** 「…을 위하여」. 이것은 *subjonctif* 를 要하는 接續詞이기 때문에 다음에 계속되는 aime 은 모양은 같지만 직설법의 aime 가 아니라 접속법의 aime 이다.

9) **y**=à ces compliments.

10) **La belle manière de se faire aimer que de :** 이 글에서는 글 머리에 C'est 가 생략되어 있다. 即 C'est la belle manière...que de..., de..., et de...이다. ce 는 que 이하 문장 끝까지 걸리며, 이것은 일종의 강조형이다.

11) **je vous trouve charmante ! :** 윗 주 5) 참조.

12) **voilà :** 앞에서 말한 것을 모두 일괄해서 「이상이…」하는 경우에 쓴다. 뒤에서 이야기하게 되는 경우, 그러니까 「이하가…」하는 경우에는 voici 를 쓴다.

13) **faire sa cour :** p. 119 주 5)에서 나온 것, 「비위를 맞추러 가다, 아부하다」.

goût à[1] ces niaiseries-là ? Cela me met en colère,[2] quand j'y[3] pense.

LE COMTE

Il n'y a pourtant pas de quoi se fâcher.[4]

LA MARQUISE

Ma foi,[5] si. Il faut supposer à une femme une tête bien vide et un grand fonds de sottise,[6] pour se figurer qu'on la charme avec de pareils ingrédients. Croyez-vous que ce soit bien divertissant de passer sa vie au milieu d'un déluge de fadaises, et d'avoir du matin au soir les oreilles pleines de balivernes ? Il me semble, en vérité, que si j'étais homme et si je voyais une jolie femme, je me dirais :[7] Voilà une pauvre créature qui doit être bien assommée de compliments. Je l'épargnerais, j'aurais pitié d'elle,[8] et, si je voulais essayer de lui plaire, je lui ferais l'honneur de lui parler d'autre chose que de son malheureux visage. Mais non, toujours : « Vous êtes jolie », et puis « Vous êtes jolie », et encore jolie. Eh ! mon Dieu, on le[9] sait bien. Voulez-vous que je vous dise ? vous autres hommes à la mode, vous n'êtes que des confiseurs déguisés.

---

1) **prendre goût à :** 「…에 흥미를 갖게 되다, …을 좋아하다」.
2) **Cela me met en colère :** mettre quelqu'un en colère. 「화나게 하다」.
3) **y :** y=à cela. cela의 내용은 앞의 글 전체.
4) **Il n'y a pourtant pas de quoi se fâcher.** 「그렇지만, 역정낼 일은 없읍니다」. 主語를 명시할 필요가 없을 때, 의문사와 동사의 부정법으로 의문문을 만든다. 즉 De quoi se fâcher. 이것은 De quoi me fâcherez-je ? 「무엇을 역정내겠읍니까 ?」와 같은 말이며 이것이 간접의문형으로 사용된 것이다. *cf.* Que faire ? 「무엇을 할까 ?」.
5) **Ma foi :** 「정말로, 틀림없이」. 본래의 뜻은 Je jure par ma foi가 생략된 것. 그러나 ma foi의 본래 뜻보다 약하다. par ma foi라는 형태도 쓰인다.
6) **supposer à une femme une tête bien vide et un grand fonds de sottise :** supposer quelque chose à quelqu'un. 「아무개가 어떤 물건을 가지고 있다고 생각한다」.
7) **je me dirais :** 「혼자소리로 하다, 생각하다」. se dire는 재귀적 대명동사로서 se는 간접보어.
8) **j'aurais pitié d'elle :** avoir pitié de... 「…을 불쌍히 여기다」.
9) **le :** 《 Vous êtes jolie 》라는 말을 받는 中性대명사.

LE COMTE

Eh bien ! madame, vous êtes charmante, prenez-le[1] comme vous voudrez. (*On entend la sonnette.*) On sonne de nouveau ;[2] adieu, je me sauve. (*Il se lève, et ouvre la porte.*)

LA MARQUISE

Attendez donc, j'avais à vous dire...[3] je ne sais plus ce que c'était...[4] Ah ! passez-vous par hasard[5] du côté de Fossin,[6] dans vos courses ?

LE COMTE

Ce ne sera pas par hasard, madame, si je puis vous être bon à quelque chose.[7]

LA MARQUISE

Encore un compliment ! Mon Dieu, que vous m'ennuyez ! C'est une bague que j'ai cassée ; je pourrais bien l'envoyer tout bonnement, mais c'est qu'il faut[8] que je vous explique...[9] (*Elle ôte la bague de son doigt.*) Tenez,[10] voyez-vous,[11] c'est le chaton. Il y a là une petite pointe, vous voyez bien, n'est-ce pas ? Ça s'ouvrait[12] de côté,[13] par là ;[14] je l'ai heurté ce matin

---

1) **prenez-le :** prendre 는「해석하다」라는 의미로 사용된다. le 는 vous êtes charmante 라는 말을 받는 중성대명사.
2) **de nouveau**「또 다시」. à nouveau 도 같은 의미로 사용한다.
3) **j'avais à vous dire :** avoir à+*inf.*「…하여야만 한다」. j'avais une chose à vous dire 가 생략된 것으로 보인다.
4) **ce que c'était :** qu'est-ce qui, 또는 qu'est-ce que 로 시작하는 의문문이나 또는 그와 같은 의미의 의문문은 간접의문에서는 ce qui... ce que...의 형태를 취한다. 여기서는 Qu'est-ce que c'était...? 의 간접의문형.
5) **par hasard :**「우연히, 혹시나」.
6) **Fossin :** 그 당시 rue de Richelieu, 62번지에 있었던 왕실 출입의 보석상.
7) **Ce ne sera pas..., si je puis vous être...:** 실현이 가능한 조건을 나타낼 때, 조건절은 직설법 현재로 놓고, 주절은 직설법 단순미래로 놓는다.
8) **c'est qu'il faut :** que 는 parce que 의 대용. que 는 종종 다른 접속사 대신 사용된다.
9) **que je vous explique :** 이 글의 주문의 동사가 falloir 이기 때문에 explique 는 *subj.*
10) **Tenez :** 간투사. p. 118. 주 7) 참조.
11) **voyez-vous :** 여기서도 voir 의 뜻은 comprendre 의 의미로 사용되고 있다.
12) **Ça s'ouvrait :** 수동의 뜻을 나타내는 代名동사.
13) **de côté :**「비스듬히」또는「모로」.
14) **par là :**「이쪽으로부터」. 아마도 손가락으로 가리키면서 설명하는 것이리라.

je ne sais où,[1] le ressort a été forcé.

LE COMTE

Dites donc, marquise, sans indiscrétion,[2] il y avait des cheveux là-dedans ?[3]

LA MARQUISE

Peut-être bien.[4] Qu'avez-vous à rire ?[5]

LE COMTE

Je ne ris pas le moins du monde.[6]

LA MARQUISE

Vous êtes un impertinent ; ce sont des cheveux de mon mari. Mais je n'entends personne.[7] Qui avait donc sonné encore ?

LE COMTE, *regardant à la fenêtre.*

Une autre petite fille, et un autre carton. Encore un bonnet, je suppose. A propos,[8] avec tout cela, vous me devez une confidence.[9]

LA MARQUISE

Fermez donc cette porte, vous me glacez.

LE COMTE

Je m'en vais. Mais vous me promettez de me répéter ce qu'on a dit de moi, n'est-ce pas, marquise ?

---

1) **je ne sais où :** 「어딘지 모르지만」. 이것은 처음에는 挿入句로서 사용되고 있었지만, 지금은 一種의 부사구로서 사용되고 있다.

2) **sans indiscrétion :** 「실례입니다만」.

3) **il y avait des cheveux là-dedans ? :** 주어와 동사가 도치되어 있지 않지만 의문문으로 쓰였다. 회화체에서 흔히 쓰는 형식.

4) **bien :** c'est bien cela 가 생략된 것으로, 대체로 oui 의 대용으로 생각될 수 있다.

5) **Qu'avez-vous à rire ? :** 「웃을 것이 무엇이 있는가 ?」.

6) **Je ne ris pas le moins du monde :** 「조금도 웃지 않고 있읍니다」.

7) **je n'entends personne :** entendre quelqu'un 은 보통 「아무개가 내는 소리, 또는 목소리가 들린다」는 의미.

8) **A propos :** 「그런데」. 이야기 초에 흔히 쓰는 의미 없는 유발적인 말.

9) **vous me devez une confidence :** 「당신은 나에게 속내 이야기를 하여야 한다」.

LA MARQUISE

Venez ce soir au bal, nous causerons.

LE COMTE

Ah ! parbleu[1] oui, causer dans un bal ! Joli endroit de conversation, avec accompagnement de trombones et un tintamarre de verres d'eau sucrée ! L'un vous marche sur le pied,[2] l'autre vous pousse le coude, pendant qu'un laquais tout poissé vous[3] fourre une glace dans votre poche. Je vous demande un peu si[4] c'est là...

LA MARQUISE

Voulez-vous rester ou sortir ? Je vous répète que vous m'enrhumez. Puisque personne ne vient, qu'est-ce qui vous chasse ?

LE COMTE *ferme la porte et vient se rasseoir.*[5]

C'est que[6] je me sens, malgré moi, de si mauvaise humeur, que je crains vraiment de vous excéder. Il faut décidément que je cesse de venir chez vous.

LA MARQUISE

C'est honnête ; et à propos de[7] quoi ?

---

1) **parbleu:** 「맹세코, 神에게 걸고」 따위의 뜻이 된다. par dieu 하고 같은 말이지만 dieu를 말로 하기를 꺼려서 bleu로 대용한 것. 이 밖에도 palsambleu(=par le sang de dieu), nom d'un chein(=nom de dieu) 따위의 비슷한 표현들이 있다.

2) **L'un vous marche sur le pied:** 인간의 신체부분을 표시하는 경우에 쓰는 정관사 표현. p. 118 주 9) 참조.

3) **vous:** 일종의 *explétif*. 상대방의 관심을 끌기 위해서 1 인칭 또는 2 인칭의 인칭대명사가 사용된다. *Ex.* Regardez-moi ça. 「저것 좀 보시오」.

4) **si:** 의문사를 필요로 하지 않는 의문. 다시 말해서, oui 나 non 으로 대답할 수 있는 의문문을 간접의문으로 할 때는, est-ce que 를 제외하고 또는 도치되어 있는 주어와 동사의 순서를 제대로 하고서 그 머리에 si 를 놓고서 글을 만든다. 여기서는 文章이 완결돼 있지 않지만, 이 si c'est là...를 직접의문으로 고치면 Est-ce là...? 가 된다.

5) **vient se rasseoir:** 「와서 앉는다, 앉으려고 온다」. "…하기 위해서…한다"는 표현은 보통 travailler pour reussir 하는 식으로 pour 를 사이에 놓지만, aller 와 venir 는 사이에 놓지 않는다.

6) **C'est que:** que 는 parce que.

7) **à propos de:** 「…에 대해서, …에 관해서」.

LE COMTE

Je ne sais pas, mais je vous ennuie, vous me le[1] disiez vous-même tout à l'heure, et je le sens bien, c'est très naturel. C'est ce malheureux logement que j'ai là[2] en face ; je ne peux sortir sans regarder vos fenêtres, et j'entre ici machinalement, sans réfléchir à ce que[3] j'y[4] viens faire.

LA MARQUISE

Si je vous ai dit que vous m'ennuyez ce matin, c'est que[5] ce n'est pas une habitude. Sérieusement, vous me feriez de la peine ;[6] j'ai beaucoup de plaisir à vous voir.

LE COMTE

Vous ? Pas du tout. Savez-vous ce que je vais faire ?[7] Je vais retourner en Italie.

LA MARQUISE

Ah ! qu'est-ce que dira mademoiselle ?...[8]

LE COMTE

Quelle demoiselle, s'il vous plaît ?[9]

LA MARQUISE

Mademoiselle je ne sais qui,[10] mademoiselle votre protégée.

---

1) **le**=que je vous ennuie.

2) **là**=en face.

3) **ce que :** p. 108 주 10) 참조.

4) **y**=ici.

5) **c'est que :** que 는 parce que 의 대용. 이 문장에서 si 대신에 quand 이나 또는 puisque 가 들어간 형의 예도 있다.

6) **vous me feriez de la peine :** 「괴롭습니다, 송구스럽습니다」. 이 글에서 조건법 현재 동사가 사용된 것은 Si vous cessez de venir chez moi 라는 조건절이 생략되어 있기 때문이다. de la 는 부분관사.

7) **je vais faire :** aller+*inf.* 는 가까운 미래를 나타낸다. 따라서 意志로 생각되는 경우에도 쓰인다.

8) **qu'est-ce que dira mademoiselle ?... :** qu'est-ce que 가 있기 때문에 主語와 동사를 도치할 필요는 없지만 도치하였다. p. 110, 주 10) 참조

9) **s'il vous plaît :** Dites-moi, s'il vous plaît 의 Dites-moi 가 생략되어 있다.

10) **je ne sais qui :** 「누군지 모르지만」. 일종의 부정대명사로 볼 수 있다.

Est-ce que je sais le nom de vos danseuses ?

LE COMTE

Ah ! c'est donc là ce beau propos[1] qu'on vous a tenu sur mon compte ?[2]

LA MARQUISE

Précisément. Est-ce que vous niez ?

LE COMTE

C'est un conte à dormir debout.[3]

LA MARQUISE

Il est fâcheux qu'on vous ait vu très distinctement au spectacle avec un certain chapeau rose à fleurs, comme il n'en[4] fleurit qu'à l'Opéra. Vous êtes dans les chœurs,[5] mon voisin ; cela est connu de tout le monde.

LE COMTE

Comme votre mariage avec M. Camus.

LA MARQUISE

Vous y[6] revenez ? Eh bien, pourquoi pas ?[7] M. Camus est un fort honnête homme ; il est plusieurs fois millionnaire ; son âge, bien qu'[8]assez respectable ;[9] est juste à point[10] pour un

---

1) **c'est donc là ce beau propos :** ce=ce beau propos...주어가 길기 때문에, 한번 ce 로 내놓고서, 나중에 내용을 설명하고 있다. là 는 cela 의 생략.

2) **ce beau propos qu'on vous a tenu sur mon compte :** tenir des propos sur le compte de *quelqu'un* 「…의 욕을 하다」.

3) **C'est un conte à dormir debout :** 직역하면 「선 채로 잠들어 버리는 따위의 이야기」로 「엉터리 같은 소리」라는 뜻.

4) **il n'en fleurit :** en=des fleurs. il 은 非人稱主語로, 實質上의 主語는 des fleurs.

5) **Vous êtes dans les chœurs :** être dans les chœurs 는 「모든 합창대에 의해서 노래불려지고 있다」라는 뜻으로 「소문이 나있다」는 의미로 쓰인다.

6) **y :** à mon mariage. revenir à mon mariage 하면 「mon mariage 의 이야기로 돌아가다」.

7) **pourquoi pas ? :** 主語도 동사도 생략되고 否定의 pas 만이 남아있는 것. 대부분의 경우 상대방의 이야기에 대해서 「어째서 그리하면 안될 것이 있겠는가 ?」 또는 상대방의 말에 맞장구를 치는 말로 「왜 아냐 ?」의 뜻.

8) **bien que :** 보통 *subjonctif* 를 쓰지만, 이 경우처럼 형용사만 쓰는 경우도 있다. 이것은 bien qu'il soit assez respectable 의 주어와 동사가 생략된 것으로 생각된다. 「…이지만」.

9) **respectable :** 「존경할 만한」이라는 뜻이지만, 수량에 관해서 이야기할 때는 「상당수의」하는 의미로, 여기서는 나이이기 때문에 「상당한 연배」라는 뜻이다.

10) **à point :** 「마치맞은, 적당한」. 형용사적으로도, 부사적으로도 쓰임.

mari. Je suis veuve, et il est garçon,[1] il est très bien quand il a des gants.

LE COMTE

Et un bonnet de nuit : cela doit lui aller.[2]

LA MARQUISE

Voulez-vous bien vous taire, s'il vous plaît ? Est-ce qu'on parle de choses pareilles ?[3]

LE COMTE

Dame ![4] à quelqu'un qui peut les voir.[5]

LA MARQUISE

Ce sont apparemment ces demoiselles qui vous apprennent ces jolies[6] façons-là.

LE COMTE *se lève et prend son chapeau.*

Tenez,[7] marquise, je vous dis adieu. Vous me feriez dire quelque sottise.[8]

LA MARQUISE

Quel excès de délicatesse !

LE COMTE

Non, mais, en vérité, vous êtes trop cruelle. C'est bien assez de défendre qu'on vous aime, sans m'accuser d'aimer ailleurs.[9]

---

1) **garçon :** 연령과 상관 없이 「독신 남자」라는 의미로도 쓰인다.
2) **lui aller :** aller à *qn* 「…에 걸맞는다」.
3) **Est-ce qu'on parle de choses pareilles ? :** 「그런 말씀 하는게 아닙니다」.
4) **Dame ! :** 간투사. par Notre-Dame 「성모 마리아에 걸고」의 약어.
5) **à quelqu'un qui peut les voir :** 「그런 것을 볼 수 있는 사람에겐 특별입니다」.
6) **jolies :** 反語.
7) **Tenez :** 간투사.
8) **Vous me feriez dire quelque sottise :** 「상대하고 있다간, 무엇이고 어리석은 소리를 할 것 같습니다」. 조건법 동사가 사용된 것은, 「만약, 이대로 말 상대를 하고 있다간」하는 식의 조건이 생략되어 있는 까닭으로 여겨진다.
9) **aimer ailleurs :** 「밖에서 사랑하다」. 즉 「다른 사람을 사랑하다」.

LA MARQUISE

De mieux en mieux.[1] Quel ton tragique ! Moi, je vous ai défendu de m'aimer ?

LE COMTE

Certainement — de vous en parler du moins.[2]

LA MARQUISE

Eh bien, je vous le permets ; voyons votre éloquence.

LE COMTE

Si vous le disiez sérieusement...

LA MARQUISE

Que vous importe ?[3] pourvu que je le dise.[4]

LE COMTE

C'est que,[5] tout en riant,[6] il pourrait bien y avoir quelqu'un ici qui courût des risques.[7]

LA MARQUISE

Oh ! oh ! de grands périls,[8] monsieur ?

LE COMTE

Peut-être, madame ; mais, par malheur,[9] le danger ne serait

---

1) **De mieux en mieux :** 「점점 더 잘 하시네」.

2) **du moins :** 「적으나마」. au moins 과 한가지. 단 au moins 은 다른 의미로도 사용된다.

3) **Que vous importe ? :** 「당신한테는 아무래도 상관없지 않은가 ?」. Il importe peu 대신에 Peu importe 가 사용되고 있다. 아마도 그와같은 영향에 의해서 이와같은 표현이 쓰이는 줄 안다.

4) **pourvu que je le dise :** pourvu que : 「…의 조건으로, …하기만 하면」. 뒤에 *subjonctif* 가 따른다.

5) **C'est que :** que 는 parce que 의 대용.

6) **tout en riant :** 「웃으면서」. gérondif, tout 는 강조. gérondif 의 주어는, 主文의 주어와 일치해야만 하지만, 여기서는 非人稱주어의 il 이고 실질적인 주어는 quelqu'un 이다. 그러므로 riant 의 主語는 quelqu'un 이다.

7) **courût des risques :** 「위험을 당하다」. courût 는 courir 의 *subjonctif imparfait.* 主文이 가능성을 나타내는 il pourrait 이기 때문에 접속법이 쓰였고, 그 동사가 조건법이기 때문에 courir 를 접속법 반과거로 놓았다. des risques 의 des 는 복수부정관사.

8) **de grands périls :** 형용사가 명사 앞에 있을 때 복수부정관사 des 는 de 로 바뀐다.

9) **par malheur :** 「불행하게도」.

que pour moi.

LA MARQUISE

Quand on a peur, on ne fait pas le brave.[1] Eh bien ! voyons. Vous ne dites rien ? Vous me menacez, je m'expose, et vous ne bougez pas ? Je m'attendais à vous voir[2] au moins[3] vous précipiter à mes pieds comme Rodrigue,[4] ou M. Camus lui-même. Il y[5] serait déjà, à votre place.[6]

LE COMTE

Cela[7] vous divertit donc beaucoup de vous moquer du pauvre monde ?[8]

LA MARQUISE

Et vous, cela[9] vous surprend donc bien de ce qu'on ose vous braver en face ?[10]

LE COMTE

Prenez garde ![11] Si vous êtes brave, j'ai été hussard,[12] moi, madame, je suis bien aise de vous le dire, et il n'y a pas encore si longtemps.[13]

LA MARQUISE

Vraiment ! Eh bien, à la bonne heure.[14] Une déclaration de

---

1) **on ne fait pas le brave :** faire le brave「le brave 인 척하다」.
2) **Je m'attendais à vous voir :** s'attendre à+*infinitif*.「…할 것을 豫想하다, 豫期하다」. s'attendre à *qch*, s'attendre à ce que+*subj* 도 쓰인다.
3) **au moins :**「적으나마」.
4) **Rodrigue :** Corneille 의 悲劇 ≪ *Le Cid* ≫(1636)의 主人公 don Rodrigue, *Le Cid* 의 Acte V. Scène VII 이 悲劇最終場面.
5) **y :** à mes pieds.
6) **à votre place :**「당신 입장에 있다면」. (M. Camus 가)
7) **Cela :** de vous moquer du pauvre monde.
8) **vous moquer du pauvre monde :** se moquer de :「조롱하다, 놀리다」.
9) **cela :** qu'on ose vous braver en face.
10) **en face :**「마주보고, 직면하고」.
11) **Prenez garde ! :**「주의하시오, 조심하시오」.
12) **Si vous êtes brave, j'ai été hussard :**「당신이 용감하시다 하더라도, 나는 경기병(輕騎兵)이었읍니다」. p. 116, 주 3) 참조.
13) **il n'y a pas encore si longtemps :** il y a deux ans 은「2年 경과하였다」라는 의미. il y a longtemps 은「그로부터 오랜시간(시일, 세월)이 흘렀다」라는 뜻.
14) **à la bonne heure :**「마침 잘 됐어요」.

hussard, cela doit être curieux ; je n'ai jamais vu cela de ma vie.[1] Voulez-vous que j'appelle ma femme de chambre ?[2] Je suppose qu'elle saura vous répondre.[3] Vous me donnerez une représentation. (*On entend la sonnette.*)

LE COMTE

Encore cette sonnerie ! Adieu donc, marquise. Je ne vous en tiens pas quitte,[4] au moins.[5] (*Il ouvre la porte.*)

LA MARQUISE

A ce soir, toujours,[6] n'est-ce pas ? Mais qu'est-ce donc que ce bruit que j'entends ?

LE COMTE *regarde à la fenêtre.*

C'est le temps qui vient de changer.[7] Il pleut et il grêle à faire plaisir. On vous apporte un troisième bonnet, et je crains bien[8] qu'il n'y ait[9] un rhume dedans.

LA MARQUISE

Mais ce tapage-là, est-ce que c'est le tonnerre ? en plein mois de janvier ![10] Et les almanachs ?

LE COMTE

Non ; c'est seulement un ouragan, une espèce de trombe qui

---

1) **de ma vie :** 「결코」.
2) **femme de chambre :** 「하녀」.
3) **Je suppose qu'elle saura vous répondre :** 「당신의 상대역은 할 수 있으려니 생각해요」.
4) **Je ne vous en tiens pas quitte :** tenir quelqu'un quitte de. 「아무개에게…을 면제해 주다」. en=de la déclaration. 따라서 이글의 말뜻은 「아직 상쇄한 것으로 셈치진 않을 것입니다」.
5) **au moins :** 「어쨌든」.
6) **toujours :** 「여전히, 마찬가지로」. 오늘밤에 만날 약속이 변하지 않은 채로 그대로임을 말하는 것.
7) **qui vient de changer :** venir de+*inf*=*passé récent.*
8) **bien :** 「대단히」의 뜻으로 쓰인 것, bien que 가 아니다.
9) **qu'il n'y ait :** craindre에 뒤따르는 從屬文에서는 동사를 *subjonctif* 로 하고 *explétif* ne를 수반케 한다.
10) **en plein mois de janvier :** 「正月 한 중간에」.

passe.

LA MARQUISE

C'est effrayant. Mais fermez donc la porte ; vous ne pouvez pas sortir de ce temps-là.[1] Qu'est-ce qui peut produire une chose pareille ?

LE COMTE *ferme la porte.*

Madame, c'est la colère céleste qui châtie les carreaux de vitre, les parapluies, les mollets des dames et les tuyaux de cheminée.

LA MARQUISE

Et[2] mes chevaux qui sont sortis !

LE COMTE

Il n'y a pas de danger pour eux, s'il ne leur tombe rien sur la tête.

LA MARQUISE

Plaisantez donc à votre tour ![3] Je suis très propre, moi, monsieur, je n'aime pas à crotter[4] mes chevaux. C'est inconcevable ! Tout à l'heure il faisait le plus beau ciel du monde.

LE COMTE

Vous pouvez bien compter, par exemple,[5] qu'avec cette grêle vous n'aurez personne. Voilà un jour de moins parmi vos jours.[6]

---

1) **de ce temps-là :** de는 막연히 시간을 가리키는 말. 「이런 날씨에」.

2) **Et :** 「그런데」. 앞의 말을 받아서 대조적으로 쓴 말.

3) **à votre tour :** *cf.* à son tour.

4) **je n'aime pas à crotter :** aimer à+*inf.*의 형태와 aimer+*inf.*의 형태, 양쪽이 다 사용된다.

5) **par exemple :** 「예를 들면」이라는 뜻으로도 사용되지만, 强調를 나타내는 간투사로도 사용된다. 「정말, 완전히」.

6) **Voilà un jour de moins parmi vos jours :** un jour de moins 「하루 덜」. 그러니까 손님 맞이하는 날이 하루 줄었다는 소리.

LA MARQUISE

Non pas, puisque vous êtes venu. Posez donc votre chapeau, qui m'impatiente.

LE COMTE

Un compliment, madame ! Prenez garde. Vous qui faites profession de les haïr,[1] on pourrait prendre les[2] vôtres pour la vérité.[3]

LA MARQUISE

Mais je vous le dis, et c'est très vrai. Vous me faites grand plaisir en venant me voir.

LA COMTE *se rassoit près de la marquise.*

Alors laissez-moi vous aimer.

LA MARQUISE

Mais je vous le[4] dis aussi, je le[5] veux bien ; cela ne me fâche pas le moins du monde.

LA COMTE

Alors, laissez-moi vous en parler.

LE MARQUISE

A la hussarde,[6] n'est-il pas vrai ?

LE COMTE

Non, madame, soyez convaincue qu'à défaut de[7] cœur j'ai

---

1) **faites profession de les haïr :** faites profession de+*inf.* 「공공연히 주장하다, 자랑으로 삼는다」. faire profession de *qch.* 의 형태도 있다.

2) **les :** les compliments.

3) **prendre les vôtres pour la vérité :** prendre A pour B 「A를 B로 간주하다」.

4) **le :** je le veux bien.

5) **le :** 이것은 앞에서 말한 백작의 대사 내용을 가리킴.

6) **A la hussarde :** 「輕騎兵식으로」. *cf.* à la française 는, à la manière française 의 manière 가 생략된 것으로 생각된다. 형용사가 없는 남성고유명사라도, 예컨대 à la Renoir 는 「르노르식의(으로)」가 된다. 여기서는 hussard 가 형용사로서 사용되기 때문에 그 여성형으로서 hussarde 가 된 것이다. 경기병식으로, 그러니까 함부로 버릇없이 좋다는 뜻이다.

7) **à défaut de :** 「…이 없지만, …이 없기 때문에」.

assez de bon sens pour vous respecter. Mais il me semble qu'on a bien le droit, sans offenser une personne qu'on respecte...

LA MARQUISE

D'attendre que[1] la pluie soit passée, n'est-ce pas ? Vous êtes entré ici tout à l'heure sans savoir pourquoi, vous l'avez dit vous-même ; vous étiez ennuyé, vous ne saviez que faire, vous pouviez même passer pour[2] assez grognon. Si vous aviez trouvé ici trois personnes, les premières venues,[3] là, au coin de ce feu, vous parleriez, à l'heure qu'il est,[4] littérature ou chemins de fer,[5] après quoi vous iriez dîner. C'est donc parce que je me suis trouvée seule que vous vous croyez tout à coup[6] abligé, oui, obligé, pour votre honneur, de me faire cette même cour,[7] cette éternelle, insupportable cour, qui est une chose si inutile, si ridicule, si rebattue. Mais qu'est-ce que je vous ai donc fait ? Qu'il arrive[8] ici une visite, vous allez peut-être avoir de l'esprit ; mais je suis seule, vous voilà plus banal[9] qu'un vieux couplet de vaudeville ;[10] et vite vous abordez votre thème, et, si je voulais vous écouter, vous m'exhi-

---

1) **D'attendre que :** 앞의 백작의 대사를 받아서 le droit d'attendre...: 「(비가 지나가는 것을) 기다리는 권리」라는 뜻이다.

2) **passer pour...:** …부분은 *inf.* 나 또는 *adj* 가 온다. 이 글에서는 être가 생략된 것으로 생각된다. 「…로서 통하고 있다, …로 생각되고 있다」.

3) **les première venues :** 보통 남성형 le premier venu 쪽이 잘 쓰이지만 여기서는 personne(*m.f*)에 일치시키고 있다. 「누구든지, 아무고 상관없이」.

4) **à l'heure qu'il est :** 「지금」. il est deux heures 하는 文型을 생각해 보면 된다. 여기서는 「날씨」.

5) **chemins de fer :** France에서 처음으로 철도가 부설된 시기가 이즈음이기 때문에 사람들의 대화의 이야기 거리가 되었던 듯 싶다.

6) **tout à coup :** 「갑자기」.

7) **me faire cette même cour :** 「나에게 사랑의 설득을 하는 일」. *cf.* p. 119 주 5). 여기서는 정관사 대신에 지시형용사가 붙어 있고 형용사가 쓰여있다.

8) **Qu'il arrive :** que는 각가지 접속사 대용이 될 수 있다. 여기서는 si의 대용이다. Que가 si의 대용으로 사용될 때, 동사는 *subjonctif*가 쓰인다. arrive는 *subjonctif*.

9) **vous voilà plus banal :** voilà는 일종의 계합작용(繫合作用)을 하는 동사로서, 직접목적보어(vous)와 그 속사(plus banal)를, 또는 상황보어를 연결시킨다.

10) **vaudeville :** 풍자적인 쾌활한 유행가의 일종.

beriez une déclaration, vous me réciteriez votre amour. Savez-vous de quoi les hommes ont l'air[1] en pareil cas? De[2] ces pauvres auteurs sifflés[3] qui ont toujours un manuscrit dans leur poche, quelque tragédie inédite et injouable, et qui vous[4] tirent cela pour vous en assommer, dès que[5] vous êtes seul un quart d'heure avec eux.

LE COMTE

Ainsi, vous me dites que je ne vous déplais pas, je vous réponds que je vous aime, et puis c'est tout, à votre avis?[6]

LE MARQUISE

Vous ne m'aimez pas plus que le Grand Turc.[7]

LE COMTE

Oh! par exemple,[8] c'est trop fort.[9] Écoutez-moi un seul instant, et si vous ne me croyez pas sincère...[10]

LA MARQUISE

Non, non, et non! Mon Dieu! croyez-vous que je ne sache pas[11] ce que vous pourriez[12] me dire? J'ai très bonne opinion de vos études, mais, parce que vous avez de l'éducation,

---

1) **les hommes ont l'air:** avoir l'air de...「…의 모양을 하고 있다, …인 것처럼 보인다」.
2) **De:** avoir l'air de 의 de.
3) **sifflés:** siffler 는「휘파람을 부는 일」인데, 프랑스의 연극관객들은 연극이 마음에 들지 않으면 휘파람을 불기 때문에, 作者나, 배우를 siffler 한다고 타동사로 쓰인다. 여기서는 그 siffler 의 participe passé 에서 온 *adjectif* 이다.
4) **vous:** 이것은 *datif éthique* (心性的 與格) 라고 하며 없어도 의미는 變치 않으나, 상대방의 관심을 유발시키기 위해서 넣는 것이다.
5) **dès que:**「…하자마자」.
6) **à votre avis?:** à votre avis 의 부분만이 의문문이다.
7) **le Grand Turc:**「터키 황제」.
8) **par exemple:** p. 131 주 5) 참조.
9) **C'est trop fort:**「너무하다, 지나치다」.
10) **vous ne me croyez pas sincère:** sincère 는 직접보어 me 의 속사.「당신은 나를 성실하다고 생각지 않는다」.
11) **je ne sache pas:** sache 는 savoir 의 *subjonctif présent*: 主文이 croire 이기 때문이다
12) **pourriez:** 말투를 완화하기 위한 *conditionnel présent*.

pensez-vous que je n'aie rien lu? Tenez,[1] je connaissais un homme d'esprit qui avait acheté, je ne sais où,[2] une collection de cinquante lettres, assez bien faites, très proprement écrites, des lettres d'amour,[3] bien entendu.[4] Ces cinquante lettres étaient graduées de façon à composer[5] une sorte de petit roman, où toutes les situations étaient prévues. Il y en[6] avait pour les déclarations, pour les dépits, pour les espérances, pour les moments d'hypocrisie où l'on se rabat sur l'amitié,[7] pour les brouilles, pour les désespoirs, pour les instants de jalousie, pour la mauvaise humeur, même pour les jours de pluie, comme aujourd'hui. J'ai lu ces lettres. L'auteur prétendait, dans une sorte de préface, en[8] avoir fait usage[9] pour lui-même, et n'avoir jamais trouvé une femme qui résistât[10] plus tard que le trente-troisième numéro. Eh bien! j'ai résisté, moi, à toute la collection. Je vous demande si[11] j'ai de la littérature,[12] et si vous pourriez vous flatter de m'apprendre quelque chose de nouveau.[13]

LE COMTE

Vous êtes bien blasée, marquise.

LA MARQUISE

Des injures? J'aime mieux cela; c'est moins fade que vos

---

1) **Tenez:** p. 118, 주 7) 참조.
2) **je ne sais où:** 「어디서인지 모르지만」. *cf.* p. 123, 주 1) 참조.
3) **des lettres d'amour:** de cinquante lettres의 동격.
4) **bien entendu:** 「물론」.
5) **de façon à composer:** de façon à+*inf.* 「…하는 것 같은 식으로」.
6) **en:** des lettres.
7) **l'on se rabat sur l'amitié:** se rabattre sur... 「…쪽으로 갑자기 방향을 바꾸다, 갑자기 화제를 바꾸다」.
8) **en:** des lettres.
9) **en avoir fait usage:** faire usage de... 「…을 사용하다」.
10) **résistât:** 부정문의 말을 한정하는 형용사절에서는 *subjonctif*를 쓴다.
11) **si:** p. 124, 주 1) 참조.
12) **j'ai de la littérature:** de la는 부분관사.
13) **quelque chose de nouveau:** quelque chose는 형용사를 연결시킬 때 사이에 de를 넣는다. chose는 여성명사지만, quelque chose는 대명사고 中性이기 때문에, nouvelle라고 하지 않는다.

sucreries.

LE COMTE

Oui, en vérité,[1] vous êtes bien[2] blasée.

LA MARQUISE

Vous le[3] croyez ? Eh bien ! pas du tout.

LE COMTE

Comme une vieille Anglaise, mère de quatorze enfants.

LA MARQUISE

Comme la plume qui danse sur mon chapeau. Vous vous figurez donc que c'est une science bien profonde que de vous savoir[4] tous par cœur ?[5] Mais il n'y a pas besoin d'étudier pour apprendre ;[6] il n'y a qu'à vous laisser faire.[7] Réfléchissez ; c'est un calcul bien simple. Les hommes assez braves pour respecter nos pauvres oreilles, et pour ne pas tomber dans la sucrerie, sont extrêmement rares. D'un autre côté, il n'est pas contestable que, dans ces tristes instants où vous tâchez de mentir pour essayer de plaire, vous vous ressemblez tous comme des capucins de cartes.[8] Heureusement pour nous, la justice du ciel n'a pas mis à votre disposition un vocabulaire très varié. Vous n'avez tous, comme on dit, qu'une chanson,[9] en sorte

1) **en vérité :** 「실상, 틀림없이」.
2) **bien :** 「대단히」. très 와 같은 뜻.
3) **le :** 백작의 대사, vous êtes bien blasée 를 받고 있다.
4) **c'est une science bien profonde que de vous savoir :** c'est...(que) de+*inf*(que 가 없는 편이 더 많다). ce 는 형식상의 주어, 실질상의 주어는(que) de 이하.
5) **par cœur :** 「외우다, 암송하다」.
6) **étudier pour apprendre :** étudier 는 지식을 획득하려고 노력하는 일이고, apprendre 는 지식을 획득하는 일이므로 édutier 이외의 방법으로 apprendre 하는 방법도 있다.
7) **il n'y a qu'à vous laisser faire :** il n'y a qu'à+*inf*. 「…하기만 하면 된다」.
8) **comme des capucins de cartes :** capucin de carte 는 세워질 수 있게 가운데를 길이로 꺾어서 접어놓은 트럼프 종류, 이것을 일렬로 가즈런히 세워놓고 한편으로부터 밀면 단번에 차례로 쓰러진다. 그것을 tomber comme des capucins de cartes 라고 하며, 여기서는 서로 닮은 비슷한 것을 비유하는데 쓰였다.
9) **une chanson :** 「으레히 하는 정해진 말」. *Ex.* C'est toujours la même chanson. *Il ne sait qu'une chanson.*

que[1] le seul fait d'entendre les mêmes phrases, la seule répétition des mêmes mots, des mêmes gestes apprêtés, des mêmes regards tendres, le spectacle seul de ces figures diverses qui peuvent être plus ou moins[2] bien par elles-mêmes, mais qui prennent toutes, dans ces moments funestes, la même physionomie humblement conquérante, cela[3] nous sauve par l'envie de rire, ou du moins par le simple ennui. Si j'avais une fille, et si je voulais la préserver de ces entreprises qu'on appelle dangereuses, je me garderais bien de lui défendre[4] d'écouter les pastorales[5] de ses valseurs. Je lui dirais seulement : « N'en écoute pas un seul, écoute-les tous ; ne ferme pas le livre et ne marque pas la page ; laisse-le ouvert, laisse ces messieurs te raconter leurs petites drôleries. Si, par malheur, il y en a un qui te plaît, ne t'en défends pas,[6] attends seulement ; il en viendra un autre tout pareil qui te dégoûtera de tous les deux.[7] Tu as quinze ans, je suppose ; eh bien ! mon enfant, cela ira ainsi jusqu'à trente, et ce sera toujours la même chose. » Voilà mon histoire et ma science ; appelez-vous cela être blasée ?

LE COMTE

Horriblement,[8] si ce que vous dites est vrai ; et cela semble

---

1) **en sorte que :** 다음에 오는 동사가 *indicatif* 면 결과를 나타내고 *subjonctif* 면 목적을 나타낸다. 제 1군동사 (aimer 형) 에서는 모양이 같지만.

2) **plus ou moins :** 「多少」.

3) **cela :** le seul fait d'entendre...humblement conquérante.

4) **je me garderais bien de lui défendre :** se garder de *inf*.... 「…하지 않게 조심하라」.

5) **pastorales :** 「사랑의 사연」. pasteur 「목동」의 형용사에서 온 말. 명사로서는, 목동이나 전원생활을 소재로한 小說, 戱曲, 특히 詩 등이 된다. 목동의 연애를 읊는 것들이 많기 때문에 단순히 「연애를 읊은 詩」라는 뜻으로도 쓰인다.

6) **ne t'en défends pas :** se défendre de+*inf*. 「…하는 일로부터 자기를 지키다」. 여기서는 aimer 하는 일로부터 자기를 지키다. *Ex*. se défendre de quelque chose.

7) **qui te dégoûtera de tous les deux :** 「두 사람이 다 싫어지리라」. dégoûter *qn* de *qch*. 「아무개에게 무엇을 싫어지게하다」.

8) **Horriblement :** Vous êtes horriblement blasée 의 생략.

si peu naturel, que le doute pourrait être permis.

LA MARQUISE

Qu'est-ce que cela[1] me fait que vous me croyiez[2] ou non ?

LE COMTE

Encore mieux.[3] Est-ce bien possible ? Quoi ! à votre âge, vous méprisez l'amour ? Les paroles d'un homme qui vous aime vous font l'effet d'un méchant roman ? Ses regards, ses gestes, ses sentiments vous semblent une comédie ? Vous vous piquez de dire vrai,[4] et vous ne voyez que mensonge dans les autres ? Mais d'où revenez-vous donc, marquise ? Qu'est-ce qui vous a donné ces maximes-là ?

LA MARQUISE

Je reviens de loin, mon voisin.

LE COMTE

Oui, de nourrice. Les femmes s'imaginent qu'elles savent toute chose au monde ; elles ne savent rien du tout. Je vous le demande à vous-même, quelle expérience pouvez-vous avoir ? Celle de ce voyageur qui, à l'auberge, avait vu une femme rousse, et qui écrivait sur son journal : Les femmes sont rousses dans ce pays-ci.

LA MARQUISE

Je vous avais prié de mettre une bûche au feu.

LE COMTE, *mettant la bûche.*

Être prude, cela[5] se conçoit ;[6] dire non, se boucher les oreil-

1) **cela :** que vous me croyiez ou non.
2) **croyiez :** croire의 *subjonctif présent* 이다. *indicatif imparfait* 가 아니다.
3) **Encore mieux :**「점점 더 잘 되어갑니다」.
4) **Vous vous piquez de dire vrai :** se piquer de+*inf*, 또는 *qch.*「…을 자랑하다」.
5) **cela :** être prude.
6) **cela se conçoit :** se concevoir 는 수동의 뜻으로 사용되는 대명동사.

les,[1] haïr l'amour, cela[2] se peut ; mais le[3] nier, quelle plaisanterie ! Vous découragez un pauvre diable[4] en lui disant : je sais ce que vous allez me dire. Mais n'est-il pas en droit de vous répondre :[5] Oui, madame, vous le savez peut-être ; et moi aussi, je sais ce qu'on dit quand on aime, mais je l'oublie en vous parlant ! Rien n'est nouveau sous le soleil ; mais je dis à mon tour :[6] Qu'est-ce que cela prouve ?

LA MARQUISE

A la bonne heure,[7] au moins ![8] vous parlez très bien ; à peu de chose près,[9] c'est comme un livre.

LE COMTE

Oui, je parle, et je vous assure que, si vous êtes telle qu'il vous plaît de le[10] paraître, je vous plains très sincèrement.

LA MARQUISE

A votre aise ;[11] faites comme chez vous.[12]

LE COMTE

Il n'y a rien là[13] qui puisse[14] vous blesser. Si vous avez le

---

1) **se boucher les oreilles :** 「귀를 틀어막다」.
2) **cela :** dire non, se boucher les oreilles, haïr l'amour.
3) **le :** l'amour.
4) **un pauvre diable :** diable 은 homme 의 대용.
5) **n'est-il pas en droit de vous répondre :** être en droit de+*inf.* 「…할 권리가 있다」.
6) **à mon tour :** 「내 편에서」.
7) **A la bonne heure :** 「잘 하십니다」.
8) **au moins :** 「어쨌든」.
9) **à peu de chose près :** 「거의」. à...près 는 「…를 제외하고선」의 의미이기 때문에 à peu de chose près 는 「약간의 것을 제외하고선」의 뜻이 되며 결국 「거의」의 뜻이 된다.
10) **le :** telle 을 받는 중성대명사.
11) **A votre aise :** 「편하신 대로, 좋으신대로」. *cf.* à mon aise. à son aise.
12) **faites comme chez vous :** 「주인이 손님에게 대해서 쓰는 정해진 말」. *cf.* Vous êtes chez vous.
13) **là :** à cela. 앞의 Le Comte 의 대사 내용을 가리킨다.
14) **qui puisse :** puisse 는 pouvoir 의 *subjonctif présent* 이다. qui 의 선행사가 否定을 표시하는 말 rien 이기 때문이다.

droit de nous attaquer, n'avons-nous pas raison de nous défendre ?[1] Quand vous nous comparez à des auteurs sifflés,[2] quel reproche croyez-vous nous faire ? Eh ! mon Dieu, si l'amour est une comédie...

LA MARQUISE

Le feu ne va pas ;[3] la bûche est de travers.[4]

LE COMTE, *arrangeant le feu.*

Si l'amour est une comédie, cette comédie, vieille comme le monde, sifflée ou non, est, au bout du compte,[5] ce qu'on a encore trouvé de moins mauvais. Les rôles sont rebattus,[6] j'y consens, mais, si la pièce ne valait rien, tout l'univers ne la saurait pas par cœur ;[7] — et je me trompe en disant qu'elle est vieille. Est-ce être vieux que d'être immortel ?[8]

LA MARQUISE

Monsieur, voilà de la poésie.[9]

LE COMTE

Non, madame ; mais ces fadaises, ces balivernes qui vous ennuient, ces compliments, ces déclarations, tout ce radotage, sont de très bonnes anciennes choses, convenues, si vous voulez,[10] fatigantes, ridicules parfois, mais qui en accompagnent

---

1) **n'avons-nous pas raison de nous défendre ? :** avoir raison de+*inf*.... 「…하는 것이 당연하다」.
2) **des auteurs sifflés :** p. 134, 주 3) 참조.
3) **Le feu ne va pas :** 「불이 신통치 않아요」.
4) **de travers :** 「마땅히 있어야 할(바람직한) 상태에 놓여있지 않은 일」. 그러니까 여기서는 불이 타기 나쁜 상태를 가리킨다.
5) **au bout du compte :** 「결국」.
6) **rebattus :** rebattre 는 「몇번이고 되풀이하는」 것이며 rebattus 는 「닳고 닳은, 陳腐한」이라는 뜻이 된다.
7) **par cœur :** 「외우다, 암송하다」.
8) **Est-ce être vieux que d'être immortel ?** 「불멸이란 낡았다는 말이겠읍니까」.
9) **voilà de la poésie :** 「자, 詩가 나왔군요」. de la 는 부분관사.
10) **si vous voulez :** 「만약 원하신다면」. 그러니까 fatigantes 하다, ridicules 하다 등등의 소리를 해도 좋다는 소리.

une autre,[1] laquelle est toujours jeune.

LA MARQUISE

Vous vous embrouillez ; qu'est-ce qui est toujours vieux, et qu'est-ce qui est toujours jeune ?

LE COMTE

L'Amour.

LA MARQUISE

Monsieur, voilà de l'éloquence.

LE COMTE

Non, madame ; je veux dire ceci :[2] que l'Amour est immortellement jeune, et que les façons de l'exprimer sont et demeureront éternellement vieilles. Les formes usées, les redites, ces lambeaux de romans qui vous sortent du cœur[3] on ne sait pas pourquoi,[4] tout cet entourage, tout cet attirail, c'est[5] un cortège de vieux chambellans, de vieux diplomates, de vieux ministres, c'[6]est le caquet de l'antichambre d'un roi ; tout cela passe, mais ce roi-là ne meurt pas. L'Amour est mort, vive l'Amour ![7]

LA MARQUISE

L'Amour ?

---

1) **qui en accompagnent une autre :** qui accompagnent une autre chose. en=chose.
2) **ceci :** que l'Amour est...éternellement vieilles. 앞에서 설명한 voici, voilà 와 마찬가지로 이미 서술한 것을 가리킬 때는 celà 를 쓰고 앞으로 서술한 것을 가리키는 경우에는 ceci 를 쓴다.
3) **qui vous sortent du cœur :** *cf.* p. 121, 주 2), p. 120, 주 1)과 같이, 인체의 부분을 표시할 때, 그 사람을 간접보어로 하고 그 부분을 정관사를 붙여서 직접보어로 한다. on 은 주격 밖에 없기 때문에 보어가 필요할 때는 보통 vous 로서 대용한다. 때문에 여기서도 vous 는 on 의 간접보어격이다.
4) **on ne sait pas pourquoi :** 「어쩐지는 몰라도」.
5) **ce :** ≪ Les formes usées... tout cet attirail ≫ 를 받는다.
6) **ce :** 윗 줄의 ce 와 같음.
7) **L'Amour est mort, vive l'Amour ! :** 「사랑은 죽었도다, 사랑 만세 !」. 프랑스에서 王이 서거하고 新王이 王位를 이어 받을 때 하는 말 풍습에 Le roi est mort, vive le roi ! 라고 외치는 습관이 있다. 이것을 흉내낸 것.

LE COMTE

L'Amour. Et quand même[1] on ne ferait que s'imaginer...

LA MARQUISE

Donnez-moi l'écran qui est là.

LE COMTE

Celui-là ?

LA MARQUISE

Non, celui de taffetas ; voilà votre feu qui m'aveugle.

LE COMTE, *donnant l'écran à la marquise.*

Quand même on ne ferait que s'imaginer qu'on aime, est-ce que ce n'est pas une chose charmante ?

LA MARQUISE

Mais, je vous dis, c'est toujours la même chose.

LE COMTE

Et toujours nouveau, comme dit la chanson. Que voulez-vous donc qu'on invente ?[2] Il faut apparemment qu'on vous aime en hébreu.[3] Cette Vénus qui est là sur votre pendule,[4] c'est aussi toujours la même chose ; en[5] est-elle moins belle, s'il vous plaît ?[6] Si vous ressemblez à votre grand'mère, est-ce que vous en êtes moins jolie ?

LA MARQUISE

Bon, voilà le refrain : jolie. Donnez-moi le coussin qui est

1) **quand même :** 「설령…라 할지라도」.

2) **Que voulez-vous donc qu'on invente ? :** 「대체 무엇을 발명하라는 말씀이십니까 ?」. Que voulez-vous ? 「어쩌란 말이냐 ?, 별 수 없지 않은가」.

3) **en hébreu :** 「히브리어로」. 알아듣지 못할 소리를 하는 것을 가리켜 히브리어로 지꺼린다고 한다.

4) **là sur votre pendule :** là 와 sur votre pendule 와는 같은 것으로, 앞에서 là 하면서 손가락으로 가리키거나 어떤 action 이 있었지만 그것만으로 알아듣지 못하면 안되겠으니까 sur votre pendule 를 첨가한 것이다.

5) **en :** à cause de cela.

6) **s'il vous plaît :** Dites-moi, s'il vous plaît.

près de vous.

LE COMTE, *prenant le coussin et le tenant à la main.*

Cette Vénus est faite pour être belle, pour être aimée et admirée, cela ne l'ennuie pas du tout.[1] Si le beau corps trouvé à Milo[2] a jamais eu un modèle vivant, assurément cette grande gaillarde a eu plus d'amoureux qu'il ne[3] lui en fallait,[4] et elle s'est laissé aimer comme une autre, comme sa cousine Astarté,[5] comme Aspasie[6] et Manon Lescaut.[7]

LA MARQUISE

Monsieur, voilà de la mythologie.

LE COMTE, *tenant toujours le coussin.*

Non, madame; mais je ne puis dire combien cette indifférence à la mode, cette froideur qui raille et dédaigne,[8] cet air d'expérience[9] qui réduit tout à rien, me fait peine à voir à une jeune femme.[10] Vous n'êtes pas la première chez qui je

1) **cela ne l'ennuie pas du tout:** 「뷔너스는 조금도 그것을 귀찮아하지 않아요」.

2) **le beau corps trouvé à Milo:** 「밀로에서 발견된 아름다운 彫像」. Milo는 에게海에 있는 작은 섬으로 1820年에 이 섬에서, 현재 Louvre에 소장되어 있는 뷔너스像의 발견되었다.

3) **ne:** *explétif*(虛辭). 우등비교급 plus...que의 que 以下가 주어와 동사를 갖춘 부사구일 경우 虛辭의 ne를 수반한다.

4) **cette grande gaillarde a eu plus d'amoureux qu'il ne lui en fallait:** 「그 여자는 분명히 남아돌을 만큼 애인이 있었을 것입니다」.

5) **Astarté:** 훼니키아인의 하늘의 女神으로 Venus에 해당한다. 그래서 sa cousine 라는 말이 사용된 것이다.

6) **Aspasie:** 기원전 5세기에 Milet에서 태어났다. 그녀의 집에는 쏘크라테스를 비롯한 당시의 많은 유명한 철학자들이며 作家들이 드나들었다.

7) **Manon Lescaut:** l'abbé Prévost (1697~1763)의 유명한 소설, Histoire de Manon Lescaut et du chevalier Desgrieux (1731)의 여주인공.

8) **cette froideur qui raille et dédaigne:** 형태상으로 볼 때는 cette froideur가 railler하고 dédaigner하는 것같이 보이지만, 실제로는 cette froideur를 지니는 사람이 railler, dédaigner한다는 소리. 여기서 railler도 dédaigner도 둘 다 *verbe transitif*지만 직접보어가 없는 것은, 일반적으로 말할 때라든지, 또는 내용이 너무나 확실해서 말할 필요가 없을 경우에는 직접보어는 생략될 수 있기 때문이다.

9) **cet air d'expérience:** 「경험이 있는 척 하는 꼴」.

10) **voir à une jeune femme:** voir *qch* à *qn*은 「어떤 사람이 무엇을 가지고 있는 것을 보다」. 그러므로, 젊은 여자가, 위의 일들, 즉 cette indifférence......를 지니고 있는 것을 보면 말로 표현할 수 없을 정도로 한스럽다는 이야기.

les rencontre ; c'est une maladie qui court[1] les salons. On se détourne, on bâille, comme vous en ce moment, on dit qu'on ne veut pas entendre parler d'amour. Alors, pourquoi mettez-vous de la dentelle ? Qu'est-ce que ce pompon-là fait sur votre tête ?

LA MARQUISE

Et qu'est-ce que ce coussin fait dans votre main ? Je vous l'avais demandé pour le mettre sous mes pieds.

LE COMTE

Eh bien ! l'y voilà, et moi aussi ; et je vous ferai une déclaration, bon gré, mal gré,[2] vieille comme les rues et bête comme une oie ; car je suis furieux contre vous. (*Il pose le coussin à terre devant la marquise, et se met à genoux*[3] *dessus.*)[4]

LA MARQUISE

Voulez-vous me faire la grâce de vous ôter de là, s'il vous plaît ?[5]

LE COMTE

Non ; il faut d'abord[6] que vous m'écoutiez.[7]

LA MARQUISE

Vous ne voulez pas vous lever ?

---

1) **court :** courir 는 병이나, 소문, 유행이 「퍼진다」는 의미로도 쓰인다.
2) **bon gré, mal gré, :** 「좋건 싫건, 마음에 있건 없건」.
3) ***se met à genoux* :** se mettre à genoux 「무릎을 꿇다」.
4) ***dessus* :** 「그 위에」. 어떤 전치사를, 이를테면 avec, après, avant, devant, derrière 따위들을, 부사처럼 달리 볼 때는 다음에 오는 명사, 또는 대명사가 생략되고 단독적으로 사용되는 수도 있지만 sur, sous 는 단독으로 사용될 수는 없고 dessus, dessous 를 사용한다.
5) **Voulez-vous me faire la grâce de vous ôter de là, s'il vous plaît ? :** 「거기에서 좀 비켜주시겠어요?」. 의문문은 완곡한 명령문의 대용으로 쓰인다. s'il vous plaît 가 달려있는 것은 그 때문이다.
6) **d'abord :** 「우선, 먼저」.
7) **m'écoutiez :** *subjonctif présent.* 주문이 il faut 이기 때문에.

LE COMTE

Non, non, et non ! comme vous le disiez tout à l'heure, à moins que[1] vous ne consentiez à m'entendre.

LA MARQUISE

J'ai bien l'honneur de vous saluer.[2] (*Elle se lève.*)

LE COMTE, *toujours*[3] *à genoux*

Marquise, au nom du ciel ! cela est trop cruel. Vous me rendrez fou, vous me désespérez.

LA MARQUISE

Cela vous passera au *Café de Paris.*[5]

LE COMTE, *de même.*[6]

Non, sur l'honneur, je parle du fond de l'âme. Je conviendrai, tant que vous voudrez,[7] que j'étais entré ici sans dessein ; je ne comptais que vous voir en passant,[8] témoin cette porte[9] que j'ai ouverte trois fois pour m'en aller.[10] La conversation que nous venons d'avoir, vos railleries, votre froideur même, m'ont entraîné plus loin qu'il ne[11] fallait peut-être ; mais ce n'est pas d'aujourd'hui seulement, c'est du premier jour où[12]

---

1) **à moins que :** 「…가 아니면」. 뒤에 ***subjonctif*** 가 오고 허사의 ne 가 쓰이는 경우가 많다.

2) **J'ai bien l'honneur de vous saluer :** 「이제 실례하겠읍니다, 작별인사를 드려야 하겠읍니다」.

3) ***toujours* :** 「여전히, 마찬가지로」.

4) ***vous me rendrez fou* :** 「당신은 나를 미치게 만든다」.

5) **cela vous passera au *Café de Paris* :** 「그것은 카페 드 파리에 오시면 치유될 것입니다」. passer 「사라져 없어지다, 끝나다」. Café de Paris 는 Musset 가 빈번히 다녔다는 Café 로 boulevard des Italiens 에 있었던 유명한 집.

6) ***de même* :** 「마찬가지로」. 앞의 대사 Le comte 의 표정 설명에 ≪toujours à genoux≫ 라고 있었기 때문에 그와 「마찬가지 자세로」라는 소리다.

7) **tant que vous voudrez :** 「원하시는 대로, 당신이 좋아서」.

8) **en passant :** 「지나가다가」.

9) **témoin cette porte :** témoin est cette porte 의 생략.

10) **m'en aller :** 「가다」. *cf.* s'en aller.

11) **ne :** *explétif.* 우등비교급 plus...que 의 que 이하에 주어와 동사를 갖춘 부사구가 올 때 허사 ne 를 쓴다.

12) **où :** 의문부사에서는 「장소」는 où 요, 「시간」은 quand 으로 나뉘어져 있지만 관계부사에서는 「장소」도 「시간」도 모두 où 로 되어 있다.

je vous ai vue, que je vous aime, que je vous adore...[1] Je n'exagère pas en m'exprimant ainsi...; oui, depuis plus d'un an, je vous adore, je ne songe...

LA MARQUISE

Adieu. (*La marquise sort et laisse la porte ouverte.*)

LE COMTE, *demeuré seul, reste un moment encore à genoux, puis il se lève et dit* :

C'est la vérité que cette porte est glaciale. (*Il va pour sortir et voit la marquise.*)

LE COMTE

Ah ! marquise, vous vous moquez de moi.[2]

LA MARQUISE, *appuyée sur la porte entr'ouverte.*

Vous voilà debout ?

LE COMTE

Oui, et je m'en vais[3] pour ne plus jamais vous revoir.[4]

LA MARQUISE

Venez ce soir au bal, je vous garde une valse.

LE COMTE

Jamais, jamais je ne vous reverrai ![5] Je suis au désespoir,[6] je suis perdu.

LA MARQUISE

Qu'avez-vous ?[7]

---

1) **ce n'est pas d'aujourd'hui..., c'est du premier jour... que je vous aime, que je vous adore :** c'est...que 의 c'est 도 2개고 que 도 2개로 된 글.

2) **vous vous moquez de moi :** 「나를 놀리다」. *cf.* se moquer de... 「…을 희롱하다, …을 놀리다」.

3) **je m'en vais :** 「가버리다」. *cf.* s'en aller.

4) **pour ne plus jamais vous revoir :** pour+*inf* 는 보통 목적을 표시하지만 결과를 나타내는 경우도 있다. ne plus 는 「이제는(다시는)…하지 않는다」.

5) **Jamais, jamais je ne vous reverrai ! :** jamais 가 앞에 나와 있는 것도, 두 번 거듭 되어 있는 것도 강조를 위한 것.

6) **Je suis au désespoir :** être au désespoir : 「절망하고 있다」.

7) **Qu'avez-vous ? :** 「어쩌된 것입니까 ?」.

LE COMTE

Je suis perdu, je vous aime comme un enfant. Je vous jure sur ce qu'il y a de plus sacré[1] au monde...

LA MARQUISE

Adieu. (*Elle veut sortir.*)

LE COMTE

C'est moi qui sors,[2] madame ; restez, je vous en supplie. Ah ! je sens combien je vais souffrir !

LA MARQUISE, *d'un ton sérieux.*

Mais enfin, monsieur, qu'est-ce que vous me voulez ?

LE COMTE

Mais madame, je veux... je désirerais...

LA MARQUISE

Quoi ! car enfin vous m'impatientez. Vous imaginez-vous que je vais être votre maîtresse, et hériter de vos chapeaux roses ? Je vous préviens qu'une pareille idée fait plus que me déplaire, elle me révolte.

LE COMTE

Vous, marquise ! grand Dieu ! s'il était possible, ce serait ma vie entière que je mettrais à vos pieds ; ce serait mon nom, mes biens,[3] mon honneur même que je voudrais vous confier. Moi, vous confondre un seul instant, je ne dis pas seulement avec ces créatures[4] dont vous ne parlez que pour me chagriner, mais[5] avec aucune femme au monde ! L'avez-vous bien

1) **ce qu'il y a de plus sacré :** ce que... de plus (ou moins)+*adj* 는 일종의 최상급.

2) **C'est moi qui sors :** ce=qui sort 로 설명되어 있지만 qui 의 선행사는 ce 가 아니라 moi 로 보고 sors 는 1인칭 단수로 한다.

3) **mes biens :** 「나의 재산」.

4) **Moi, vous confondre...avec ces créatures :** confondre A avec B. 「A와 B를 혼동하다」. moi 는 vous confondre 의 주어.

5) **je ne dis pas seulement... mais...:** ne pas seulement... mais... 「…일 뿐만이 아니라 …도」.

pu supposer ? me croyez-vous si dépourvu de sens ? mon étourderie ou ma déraison a-t-elle donc été si loin, que de vous faire douter[1] de mon respect ? Vous qui me disiez tantôt que vous aviez quelque plaisir à me voir, peut-être quelque amitié pour moi (n'est-il pas vrai, marquise ?), pouvez-vous[2] penser qu'une homme ainsi distingué par vous, que vous avez pu trouver digne d'une si précieuse, d'une si douce indulgence, ne saurait pas ce que vous valez ? Suis-je donc aveugle ou insensé ? Vous, ma maîtresse ! non pas, mais[5] ma femme !

LA MARQUISE

Ah ! — Eh bien, si vous m'aviez dit cela en arrivant, nous ne nous serions pas disputés.[4] — Ainsi, vous voulez m'épouser ?

LE COMTE

Mais[5] certainement, j'en meurs d'envie,[6] je n'ai jamais osé vous le dire, mais je ne pense pas à autre chose depuis un an ; je donnerais mon sang pour qu'il me fût permis[7] d'avoir la plus légère espérance...

LA MARQUISE

Attendez donc, vous êtes plus riche que moi.

---

1) **si loin, que de vous faire douter :** si...que de+*inf* 또는 si...que+*ind* 「…일 정도로…하다」.

2) **vous :** Vous qui me disiez...quelque amitié pour moi 와 동격.

3) **non pas, mais ma femme ! :** 「천만에, 나의 아내가 되어달란 말입니다 ! 」. non pas, mais : 「…이 아니라…이다」하는 경우에 부정절과 긍정절 사이에 mais 를 놓는다. 여기서는 부정절도 긍정절도 생략되어서 짧게 되어있다.

4) **si vous m'aviez dit cela, ..., nous ne nous serions pas disputés :** 조건문은 대과거로 되어있고, 主文은 조건법과거로 되어있다. 이것은 과거에 있어서의 사실의 반대를 가정하는 경우의 형식이다.

5) **Mais :** 강조를 위해서 사용된 것. *Ex.* mais oui ! mais non !

6) **j'en meurs d'envie :** en=de vous épouser.

7) **pour qu'il me fût permis :** fût 는 être 의 *subjonctif*. pour que 로 시작되는 종속문속에서는 *subjonctif* 를 사용한다. 주문이 조건법현재일 경우에는 종속문의 시제의 일치는 주문이 과거의 경우와 마찬가지로 취급한다. 즉 주문의 시제로 보아서 현재면 반과거로 놓는다.

LE COMTE

Oh ! mon Dieu, je ne crois pas, et qu'est-ce que cela vous fait ? Je vous en supplie, ne parlons pas de ces choses-là ! Votre sourire, en ce moment, me fait frémir d'espoir et de crainte. Un mot, par grâce ! ma vie est dans vos mains.

LA MARQUISE

Je vais vous dire deux proverbes : le premier, c'est qu'il n'y a rien de tel que[1] de s'entendre.[2] Par conséquent,[3] nous causerons de ceci.

LE COMTE

Ce que j'ai osé vous dire ne vous déplaît donc pas ?

LA MARQUISE

Mais non. Voici mon second proverbe : c'est qu'il faut qu'une porte soit ouverte ou fermée.[4] Or, voilà trois quarts d'heure que celle-ci, grâce à vous,[5] n'est ni l'un ni l'autre,[6] et cette chambre est parfaitement gelée, Par conséquent aussi, vous allez me donner le bras pour aller dîner chez ma mère. Après cela, vous irez chez Fossin.[7]

LE COMTE

Chez Fossin, madame ? pourquoi faire ?[8]

1) **rien de tel que de s'entendre :** rien에 형용사가 붙을 때는 사이에 de로 놓는다. s'entendre: entendre「이해하다」의 相互的인 의미의 대명동사.

2) **il n'y a rien de tel que de s'entendre :**「이해하는 일 이상 가는 일은 없다」. 프랑스의 속담.

3) **Par conséquent :**「그러므로, 따라서」.

4) **il faut qu'une porte soit ouverte ou fermée :** 「문을 열어라, 아니면 닫아라」. 본 연극의 제목이며 역시 프랑스 속담.

5) **grâce à :**「…덕분에」.

6) **ni l'un ni l'autre :** ni ouverte ni fermée. l'un, l'autre는 중성대명사 le와 같이 형용사를 받고 있기 때문에 성수에 관계치 않는다.

7) **Fossin:** *cf.* p. 122 주 6) 참조.

8) **pourquoi faire ? :** pour quoi faire ? 라고도 쓴다. 직역을 해보면 전자는「왜 하느냐?」고 후자는「무엇 때문에 하느냐?」. 양쪽이 다 사용되고 있으나 어느 편이고 후자의 의미로 사용되기 때문에 후자 편이 확실하다.

LA MARQUISE

Ma bague.

LE COMTE

Ah ! c'est vrai, je n'y pensais plus. Eh bien,[1] votre bague, marquise ?

LA MARQUISE

Marquise, dites-vous ? Eh bien, à ma bague, il y a justement sur le chaton une petite couronne de marquise ; et comme cela peut servir de cachet... Dites donc,[2] comte, qu'en pensez-vous ? il faudra peut-être ôter les fleurons ?[3] Allons,[4] je vais mettre un chapeau.

LE COMTE

Vous me comblez de joie !... comment vous exprimer...

LA MARQUISE

Mais fermez donc cette malheureuse[5] porte ! cette chambre ne sera plus habitable.

---

1) **Eh bien :** 간투사. 놀라움이나 강조 등 여러가지 의미로 사용되지만, 여기서는 이야기의 계속을 부추기는 「그래서 ?」 이고, 다음 줄의 Eh bien 은 그것에 대답하는 것이다.

2) **Dites donc :** 대답을 충동하는 간투사.

3) **ôter les fleurons :** marquise 의 couronne 에는 fleurons 이 달려있지만 comtesse 의 couronne 에는 그것이 달려있지 않기 때문에 ôter les fleurons 이란 말로서 comtesse 가 된다는 말, le Comte 와 결혼한다는 것을 의미하는 셈이다.

4) **Allons :** 「자아」. 간투사.

5) **malheureuse :** 여기서는 「속 썩이는」 정도의 뜻이 좋겠음. 또는 「불쾌한」.

作品解說

Alfred de Musset는 1810年 12月 11日 Paris에서 탄생하여 1857年 5月 2日 역시 Paris에서 사망했다.

그는 19세기 프랑스 浪漫派詩人으로서, 또 George Sand와의 사랑으로 이미 세상에 많이 알려져 있지만, 이밖에 프랑스 연극사에 있어서도 빛나는 奇才로서 특이한 존재가 되고 있다.

사실 19세기 浪漫主義運動의 총수로서 그 이름을 떨치던 Victor Hugo의 演劇은 오늘날 별로 상연되는 일이 없지만 Musset의 연극은 빠지지 않고 고전극과 함께 수시로 상연되고 있는 것만 보아도 그 生命이 긴 것을 짐작할 수 있다.

그런데 Musset의 연극에는 사연이 있다. Musset는 진작부터 연극을 사랑했고 연극을 쓰지 않고는 못배긴 사람이었는데, 그의 最初의 散文劇 *La Nuit vénitienne*가 Odéon극장에서 1830年 12月 1日에 上演되었을 때, 관객들의 야유로 完全히 실패하고 말았던 것이다. 그 후 Musset는 속된 관객들을 무시하고서 上演을 생각치 않는 연극을 썼던 것이다.

이 책에 수록된 연극도 그와 같은 것으로서 *On ne badine pas avec l'amour*는 1834年 7月 10日에 「兩世紀評論」(*Revue des Deux Mondes*)에, 그리고 *Il faut qu'une porte soit ouverte ou fermée*는 1845年 12月 1日에 역시 *Revue des Deux Mondes*에 발표되었던 作品이다.

그러나 그의 劇的 天才性은 그가 쓴 연극들을 그대로 상연의 脚光을 못보는 작품인 채로 묻혀 두게만 하지는 않았다.

러시아 女俳優 Mme Alexandra Michailowna Karatiguina에 의해서 *Revue des Deux Mondes*에서 발견된 그의 연극 *Un Caprice*가 1837年 12月 8日 Saint-Péterbourg(현재의 레닌그라드)의 Théâtre Alexandrinsky

에서 상연이 되었다. 그리고 이 연극 상연의 성공을 당지에서 본 프랑스 女俳優 Mme Allan 이 프랑스로 歸國後, Paris 에서 그 歸國 첫 公演으로 Théâtre Français 에서 스스로 *Un Caprice* 의 女主人公 Mme de Léry 의 役을 맡아가지고 大成功을 거두었다.

이것이 바로 1847年 11月 27日이었다. 이리하여 Musset 의 戱曲에 對한 認識이 새로와졌고 그 후로 그의 作品은 계속 脚光을 보게 되었으며, 그와 함께 그의 名聲은 높아만 갔다. 그러나 Musset 의 眞正한 價値가 認定되고 그의 代表作들이 上演의 빛을 보게 된 것은 그의 死後의 일이었다.

On ne badine pas avec l'amour 와 *Il faut qu'une porte soit ouverte ou fermée* 는 모두 Musset 의 戱曲 中에서도 가장 훌륭한 것들로서 다 함께 Garnier 版 全集 *Comédies et Proverbes* 속에 收錄되어 있는 것을 Texte 로 삼은 것이다. 읽어보면 알겠지만 Comédies et Proverbes 라고 하면 箴言喜劇이라고 飜譯된다. 프랑스에서 일컬어지는 하나의 呼稱으로서 Musset 의 이 두 편의 劇曲의 제목은 그대로 그것이 箴言(格言)이다. 即 프랑스에 그전부터 傳해 내려오는 일종의 속담인 것이다.

「사랑을 장난삼아 하면 안된다.」

「문은 열려 있거나 닫혀 있어야 한다.」라고 하는 식으로.

그리고 이 책의 註는 되도록 平易하게 누구에게나 읽힐 수 있도록 親切을 다해서 說明을 해 보려고 試圖했다. 그래서 重複된 說明도 原語에 나올 때마다 되풀이해서 거듭하였고 文法的인 說明만으로 부족한 곳은 해석까지 일일이 써 넣었다. 연극에 관심을 갖는 학생, 특히 19세기 연극과 18세기적인 優雅한 才氣로 充滿한 Musset 의 臺詞에 흥미를 지니는 학생에게 이 註解書가 좋은 벗이 되어 주었으면 하고 바라는 마음 간절하다.

A. Musset

ON NE BADINE PAS AVEC L'AMOUR

사랑을 희롱치마소

1판 1쇄 찍음 • 1975년 11월 25일
1판 6쇄 펴냄 • 2001년 5월 1일

편저자 • 정봉구, 배기열
발행인 • 정 현 걸
발 행 • 신 아 사
인 쇄 • ㈜신안사

출판등록 • 1956년 1월 5일 (제9-52호)
서울특별시 은평구 녹번동 28-36번지 2F
전화 (02)382-6411 • 팩스 (02)382-6401
홈페이지 • www.shinasa.co.kr
E-mail • shinasa@chol.com

ISBN: 89-8396-031-0

정가 8,000원